Diebitz/Weiser ⇨Helga

Helga Diebitz/Weiser

Helga

aus

Swinemünde

Erinnerungen
an meine
Kinder- und Jugendzeit

Herstellung und Verlag
BoD – Books on Demand, Norderstedt
ISBN 978-3-7347-3840-1
6,99 €

Swinemünde auf dem Nordostzipfel der Ostseeinsel Usedom in Pommern, Metropole des Kreises Usedom-Wollin, Anfang der 1930er Jahre

Strandleben um 1930 in dem zweitältesten Seebad an der Ostseeküste. Den Namen Swinemünde erhielt der Ort 1743, das Stadtrecht 1765. Seit 1824 ist die Stadt Seebad und hatte 1829 ungefähr 4000 Einwohner.

Die Hafeneinfahrt und der knapp 65 Meter hohe Leucht-
turm in Ostswine auf der Nachbarinsel Wollin etwa 1930.
Der Turm wurde 1857 erbaut und bekam 1903 mit einer
Klinkerverblendung seine heutige Form.

Der Konzertplatz von Swinemünde in den 1930er Jahren.
Die Stadt hatte 1876 einen Anschluss an die Eisenbahn-
strecke Berlin–Stralsund erhalten; das Ostseebad beher-
bergte 1913 über 40000 und 1938 circa 50000 Badegäste.

Am Ersten Mai 1931 erblickte ich in Swinemünde das Licht der Welt. Nach damaligem Brauch hat meine Mutter mit Hilfe einer Hebamme zu Hause entbunden. Ich bekam die Vornamen Helga Liesel, weil Helga gerade Mode war und meine Patentante Luise, die jüngere Schwester meiner Mutter, alle nur als Liesel kannten. Klein und zierlich, mit einem Puppengesicht, war ich sofort Papas Liebling und wurde Püppi genannt.

Bruder Horst bei Mama Gertrud und Püppi Helga bei Papa Hans auf dem Arm, Juli 1934

Meine Mutter hieß mit Mädchennamen Gertrud Hienzsch und war in der Altstadt von Dresden aufgewachsen. Sie hatte vier Geschwister: Käthe, Luise, Fritz und Karl. Ihre Mutter, meine Oma Minna, war eine geborene Möckel. Da sie früh ihren Mann, Karl Hienzsch, verloren hatte, musste sie die fünf Kinder alleine durchbringen. Aber Oma Minna liebte Kinder und hat außer ihren eigenen noch viele Pflegekinder großgezogen. Dafür bekam sie später das Mutterverdienstkreuz.

Minna Hienzsch, geborene Möckel

Von links: Luise, Minna, Gertrud, Fritz, Kurt und Käthe

Karl Hienzsch

Mama hätte gerne einen Beruf erlernt, aber als sie fünfzehn Jahre alt war, schickte ihre Mutter sie als Hausmädchen zu einem Zahnarzt Geld verdienen, denn sie brauchte natürlich jeden Groschen. Die Töchter reicher Leute konnten auf die hohe Schule gehen oder sogar studieren, während Mädchen aus „einfachen" Verhältnissen bei solchen Herrschaften in Stellung gingen; das war zu Beginn des zwanzigsten Jahrhunderts so üblich.

Anfang der zwanziger Jahre suchten Swinemünder Hotels Personal für den Saisonbetrieb; entsprechende Annoncen standen auch in Dresdener Zeitungen. Als Luise davon erfuhr, überredete sie ihre Schwester Gertrud, sich gemeinsam bei einem Hotel zu bewerben. Die beiden wurden angenommen. So ist meine Mutter nach Swinemünde gekommen.

Nach der Arbeit bummelte Liesel mit anderen Mädchen öfter durch die Stadt, während ihre schüchterne Schwester zu Hause saß. Als die Mädchen wieder mal unterwegs waren, bändelte eine Gruppe junger Männer mit den Damen an. Die Pärchen hatten sich schnell gefunden, nur einer der Burschen war ohne Partnerin geblieben. Doch Luise wusste Rat, sie ging rasch nach Hause und kam mit ihrer Schwester Gertrud zurück. Der betreffende junge Mann hieß Hans Diebitz.

Gertrud Hienzsch im Alter von achtzehn Jahren

Hans Diebitz, etwa zwanzig Jahre alt

Hans und Gertrud trafen sich nun häufiger, fanden Gefallen aneinander und wollten künftig zusammen durchs Leben gehen. Aber in Swinemünde fanden sie keine Bleibe, darum zogen sie nach Dresden. Dort stellte sich bald Nachwuchs ein, meine ältere Schwester Ingeborg kam auf die Welt. Aber mein Vater hatte in Dresden große Sehnsucht nach der Ostsee und als in einem Haus seines Vaters eine Wohnung frei wurde, kehrten meine Eltern nach Swinemünde zurück. Nicht lange nach der Rückkehr brachte der Storch meinen älteren Bruder Horst.

Wir wohnten in der Neuen Straße. Nicht weit von unserm Haus stand ein E-Werk, in dem mein Vater als Elektriker arbeitete. Unsere Wohnung lag im Dachgeschoss eines Zweifamilienhauses, hinter dem sich ein langer, stellenweise schmaler Hof hinzog. An dessen Ende stand links ein Wohngebäude mit einer Waschküche und rechts ein hoher Birnbaum, der jedes Jahr schöne große Birnen trug und Opa Ottos ganzer Stolz war. Die Birnen habe ich immer sehr gerne gegessen. Durch eine Pforte am hintersten Ende des Hofes konnte man auf die Krausestraße gelangen.

Links neben unserm Haus war ein Holztor, das führte zum Hof, auf dem auch das Gebäude stand, in dem Opa Otto mit Oma Frieda, geborene Lindengrün, wohnte. Opa war Zimmermann und arbeitete als Polier auf dem Bau; gleich am Haus hatte er eine große Werkstatt.

Unser Haus 1959, kurz vor dem Abriss, links das Holztor

Wenn man die Wohnung betrat, kam man zuerst in die Küche. Im Wohnzimmer hatte mein Großvater einen Platz am Fenster, von dem er auf den Hof blicken konnte. Hier hat er immer an einem kleinen Tisch gesessen und Zeitung gelesen. Oma Frieda kaufte oft Zeitschriften, die mir sehr gefielen. Aber wenn ich in den Heften blätterte, sagte sie: „Da brauchst du gar nicht reinkucken, da kommen doch keine Küken raus."

Frieda Diebitz, geborene Lindengrün, genannt Oma Mutti

Sie hatte es nicht gerne, wenn wir Oma zu ihr sagten, weil ihr zweiter Sohn Heinz noch zur Schule ging. Er war achtzehn Jahre jünger als sein Bruder Hans, mein Vater. So kam es, dass wir mit der Zeit alle Oma Mutti zu ihr sagten. Jungs hatte sie besonders gern, darum wohnte mein Bruder Horst nebenan bei seinen Großeltern. Um die Haushaltskasse aufzubessern, ging Oma Mutti öfter bei anderen Leuten saubermachen.

Otto Diebitz

Unter uns im Erdgeschoss wohnte auf der rechten Seite Frau Schütt, eine kleine, sehr freundliche Person. Sie arbeitete zu Hause als Weißnäherin und hatte ein Kohlebügeleisen. Mit dem kam sie öfter auf den Hof und schwenkte es hin und her, dass die Funken nur so stoben. Wie sie mit dem schweren Bügeleisen umging, fand ich ganz toll.

Etwa so ein Kohleplätteisen hatte Oma Schütt. Das war ein stabiles Gerät aus Gusseisen. Wenn man bügeln wollte, klappte man den Deckel auf und füllte das Eisen mit Kohlenglut. Das Hin- und Herschwenken war vorgeschrieben, um die nötige Luftzufuhr zu gewährleisten.

Als ich laufen lernte, wurde meine Schwester Ruth geboren. Sie war, obwohl anderthalb Jahre jünger, bald fast so groß wie ich. Mit ihr spielte ich gerne. Wir konnten einen Tanz: „Hänsel, komm tanz mit mir", den haben wir auf dem Hof Frau Schütt vorgeführt und dazu gesungen:

> Hänsel, komm und tanz mit mir,
> beide Hände reich ich dir,
> einmal hin, einmal her,
> rundherum, das ist nicht schwer.

> Ei, das hast du fein gemacht,
> ei, das hätt ich nicht gedacht.
> Einmal hin, einmal her,
> rundherum, das ist nicht schwer.

Danach hat Oma Schütt uns in ihre Küche eingeladen und uns Kakao serviert. Ich war aber ungeschickt und habe gekleckert.

Unten links wohnte Familie Köller, Mama, Papa und sieben Kinder. Rosemarie war meine Freundin. Köllers Kinder mussten Zeitungen austragen. Einmal hat Rosi mich gefragt, ob ich mitkomme. Als wir losgingen, war draußen noch alles nass vom Regen. Ich hatte gerade neue Hausschuhe bekommen und bin mit den Schuhen munter über die Pfützen gesprungen.

Auf unserm Hof war immer was los. Nicht nur der Diebitz- und Köhler-Nachwuchs traf sich hier, sondern auch viele Rangen aus der Nachbarschaft. Wir waren eine lustige Truppe. „Grün, grün, grün sind alle meine Kleider" oder „Herr Fischer, wie tief ist das Wasser?" haben wir gerne gespielt. Auch das Seilspringen war beliebt. Zwei Kinder schwangen das Seil und das dritte sprang jedes Mal in die Höhe, wenn es über den Boden sauste. Dabei wurde laut gezählt. Wer am Ende die meisten Sprünge hatte, war Sieger. Wir spielten aber auch oft mit dem Ball. Meistens am Giebel des Nachbarhauses neben dem Holztor. Doch davon waren unsere Nachbarn nicht sehr erbaut.

Bevor ich Abc-Schützin wurde, hatte ich noch zwei Brüderchen bekommen. Manfred war inzwischen fast zwei Jahre alt und weinte oft, weil er immer etwas kränkelte. Hans-Otto krabbelte im Alter von kaum sechs Monaten noch auf allen Vieren herum.

Dann war es so weit: meine Einschulung stand kurz bevor. „In die Schultüte kommen Holz und Kohlen!", sagte mein Vater und machte dabei ein todernstes Gesicht. Doch als ich schließlich Ostern 1937 meine Schultüte im Arm hielt, waren da Süßigkeiten drin und oben drauf lag ein schöner bunter Ball.

Es gab in unsrer Gegend eine Jungen- und eine Mädchenschule. Wir waren vielleicht vierzig Schülerinnen in der Klasse und saßen zu dritt oder viert in einer Bank. Zu jedem Platz gehörte ein in die Bank eingelassenes Tintenfass mit Deckel.

Im ersten Jahr schrieben wir aber mit dem Griffel auf der Schiefertafel. Die linierte Seite war für Buchstaben, die karierte für Zahlen vorgesehen. An einer Seite der Tafel war ein Schwamm angebunden, mit dem wischte man alles wieder ab, was man geschrieben hatte. Die Schiefergriffel wurden im Griffelkasten aufbewahrt, Tafel, Griffelkasten und einige Schulbücher im Ranzen.

Zuerst lernten wir die deutsche Schrift, mit dem langen, spitzen Sause-S und dem runden Schluss-S, später die lateinische, in der es nur noch ein S gab. Schreiben fand ich schön, die Buchstaben habe ich geradezu gemalt, doch die Wörter schrieb ich oft falsch. Es hat lange gedauert, bis ich mir die richtige Schreibweise merken konnte.

16

Die Diebitz-Kinder, von links: Ruth, Helga, Horst und Ingeborg – meistens Inge genannt – mit dem kleinen Manfred, um 1937

So ähnlich sah meine Schiefertafel aus

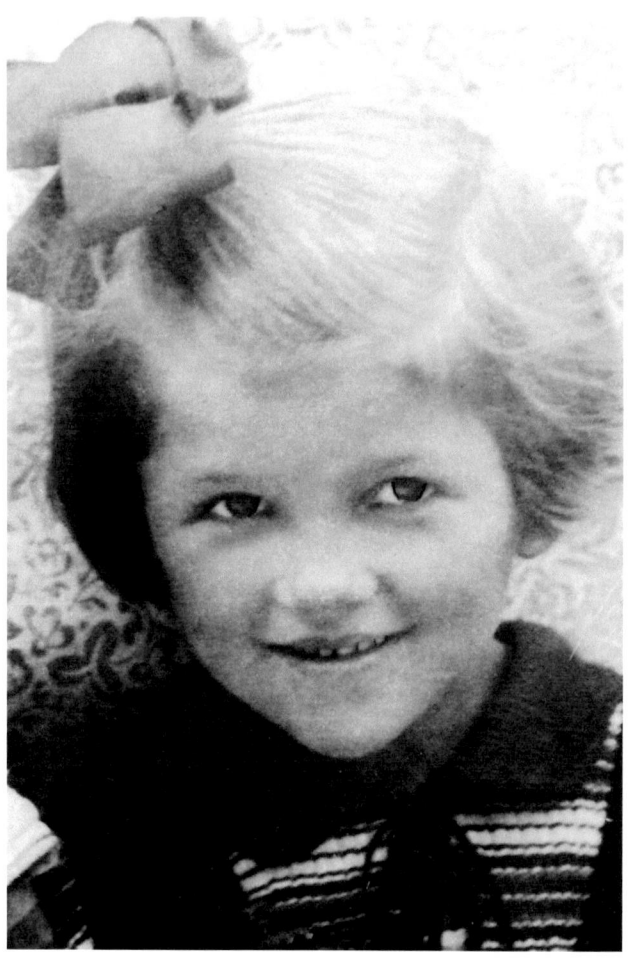

Am ersten Schultag kam ein junger Mann in die Klasse, der uns fotografieren sollte. Wir stellten uns nacheinander alle im Schulhof vor eine Mauer, an der eine bunte Decke hing, und der Mann machte von jedem Mädchen ein Foto. Die Bilder hat er einzeln an die Eltern verkauft. So bin ich zu dem Foto vom ersten Schultag gekommen.

Eine sehr gute Schülerin in meiner Klasse wurde von der Lehrerin oft gelobt. Das gefiel einigen Mädchen nicht und sie wollten ihr eins auswischen. Mich fragten sie auch, ob ich mitmache. Für solche Sachen war ich eigentlich viel zu schüchtern, hatte aber nicht den Mut, nein zu sagen.

Auf dem Heimweg haben wir das Mädchen verfolgt und gehänselt. Doch darüber hat sich die Mutter der Schülerin bei der Lehrerin beschwert. Bald nach der Hänselei mussten wir zum Beginn der Stunde aufstehen und bekamen vor der ganzen Klasse einen Tadel.

Eine Zeit lang begann der Unterricht erst um neun Uhr. Ich war aber schon früh auf den Beinen und hatte Langeweile. Also lief ich in den nahen Park zu einer Gaststätte, neben der ein kleines Karussell stand, das man selbst anschieben musste. Dort drehte ich einige Kunden und vergaß darüber die Schule.

Als ich wieder nach Hause kam, war meine Mutter außer sich; wenn sie in Wut geriet, was nicht oft vorkam, riss sie ihre blauen Augen weit auf. Sie fuhr mich so hart an, dass ich gleich in die Ecke flog. Dann hielt sie mir den Ranzen hin und sagte: „Jetzt aber flott!" Ich rannte los. Die erste Stunde hatte längst begonnen. In der Schule war es ganz still. Vorsichtig öffnete ich die Tür zum Klassenraum und schlich mich leise auf meinen Platz.

Mein Bruder Manfred war oft krank, er ist nie so richtig auf die Beine gekommen. Meistens hat ihn meine Mutter auf dem Arm getragen. Manchmal war sie ganz verzweifelt. Als sein Zustand immer schlechter wurde, ist er ins Krankenhaus gekommen. Doch auch dort konnte ihm niemand helfen. Es hieß, sein Herz sei zu groß. Schließlich ist Manfred noch vor seinem dritten Geburtstag gestorben. Wir waren alle sehr traurig.

Die Zeit verging und ich freute mich schon auf die Sommerferien. Doch als ich mein Zeugnis bekam, war es vorbei mit der Freude. Ich musste die erste Klasse wiederholen.

Darüber war ich sehr betrübt und traute mich nicht nach Hause. Weinend stand ich am Hoftor. Zum Glück kam Opa Otto vorbei, er tröstete mich und brachte mich hoch zu meiner Mutter.

Als ich das zweite Jahr in die Schule ging, wurde meine Schwester Ursula geboren. Im Sommer kam Oma Minna mit meiner Kusine Christa aus Dresden zu Besuch. Oma war lieb und hat immer Buchteln und Quarkkäulchen für uns gebacken.

Wir haben einen Ausflug zum Leuchtturm in Ostswine auf der Nachbarinsel Wollin gemacht. Zunächst fuhren wir mit der Fähre über die Swine auf die andere Seite und wanderten dann zum Turm. Der Aufstieg war anstrengend, die vielen Stufen wollten gar kein Ende nehmen. Aber oben wurden wir mit einer tollen Aussicht belohnt. Wir konnten weit über die Inseln sehen und die Menschen unten auf der Erde waren klein wie Zwerge.

Auf unserm Hof war zwischen Opa Ottos Werkstatt und dem gegenüberliegenden Stallgebäude eine Teppichstange angebracht, an der ich oft geturnt habe. Am liebsten hing ich mit den Beinen kopfunter an der Stange.

Meine „Kunststücke" habe ich natürlich Christa gezeigt. Danach dauerte es nicht lange und wir hingen beide an der Teppichstange. Doch mitten im schönsten Schaukeln fanden wir uns plötzlich auf der Erde wieder. Die Stange hatte sich bei unserer Turnerei aus der Halterung gelöst. Nach dem ersten Schreck sprangen wir beide auf und stellten erfreut fest, dass uns nichts weiter passiert war. Wir hatten wohl einen Schutzengel. Ich lief schnell an Opas Hoffenster vorbei und sah, dass er zum Glück nicht in seinem Sessel saß.

Eines Tages kam Horst mit einem Kaninchen nach Hause. Opa Otto war arbeiten und Oma Mutti war auch nicht da. Mein Bruder machte sich sogleich daran, für den Rammler einen Stall zu bauen. Dafür holte er sich Bretter aus Opas

Werkstatt. Da er sich die besten Bretter ausgesucht hatte, war unser Großvater sehr verärgert darüber. Doch der Ärger legte sich schnell; Opa Otto war auf dem Land mit Kaninchen und anderen Tieren aufgewachsen. Horst baute bald einen Stall nach dem anderen und legte sich eine kleine Kaninchenzucht zu. Am Ende standen an der Wand von Opas Werkstatt zehn Ställe. Jeder Stallhase bekamen einen Namen, einer hieß Mümmelmann.

Die Tiere wollten aber auch jeden Tag was zu mümmeln haben. Also wurde uns Kindern aufgetragen, täglich das Kaninchenfutter herbeizuschaffen. Wir mussten nicht weit laufen, im nahen Park fanden wir, was wir suchten. Oma Mutti zeigte mir, welche Pflanzen als Kaninchenfutter geeignet waren. Uns hat es Spaß gemacht, die Stallhasen zu futtern.

Ab und an wurde ein Kaninchen geschlachtet, dabei haben wir Kinder aber nicht zugesehen. Das Fell wurde auch verwendet. Opa Otto hat es bearbeitet und unsere Mutter hat uns aus den Fellen Handschuhe genäht, obwohl sie zum Nähen kaum Talent und auch keine Lust hatte.

Der kleine Markt in Swinemünde, 1930er Jahre

Einmal im Jahr fand in Swinemünde ein Jahrmarkt statt. Dann war auf dem kleinen Markt allerhand los. Am liebsten fuhr ich dort mit dem Riesenrad. Eine Fahrt kostete zwanzig Pfennig, aber die hatte ich nicht. Ich ging zu Opa Otto und fragte ihn, ob er etwas Geld für mich übrig hätte. Darauf machte er ganz langsam seine Geldbörse auf und gab mir eine Mark; die war damals viel wert. Aber ich gab sie sofort wieder aus und fuhr fünfmal hintereinander ohne auszusteigen mit dem Riesenrad.

Mein Opa priemte. Als sein Kautabak einmal alle war, schickte er mich los, neuen zu kaufen. Ich bekam eine Blechschachtel, in der etwa zehn Zentimeter lange und fünf Millimeter dicke Rollen lagen. Sie sahen aus wie Lakritzstangen, die ich gerne aß. Ob die Tabakstangen wohl auch so gut schmeckten? Von einer Stange habe ich ein kleines Stück abgebissen, es aber gleich wieder ausgespuckt. Pfui Teufel! Mein Mund brannte wie Feuer.

Im Sommer waren wir Kinder fast jeden Tag am Strand. Opa Otto hatte uns eine schöne Strandbude gezimmert. Man konnte auch einen Strandkorb mieten. Unsere Eltern haben aber lieber einen Strandplatz für Opas Hütte gemietet, weil der billiger war. Die Bude haben wir mit einem Wall aus Sand umgeben.

Oma Schütt ist auch manchmal an den Strand gekommen und hat gebadet. Da sie aber nicht schwimmen konnte, ging sie meistens kaum weiter als bis zur Brust ins Wasser und tauchte ein paarmal bis zum Hals unter. Das fand ich niedlich.

Horst war im Flegelalter und hatte einen ganz fiesen Freund, der war auch mal bei uns am Strand. Ich spielte unten am Wasser, da kamen die beiden, schnappten mich und tauchten mich unter. Ich japste nach Luft und als sie merkten, dass ich kein Wasser geschluckt hatte, drückten sie meinen Kopf noch mal unter Wasser. Ich habe geschrien und sie lauthals beschimpft, aber sie haben mich nur ausgelacht.

Von links: Helga, Ruth, Inge und Horst

Gewöhnlich haben wir aber einträchtig am Strand gespielt oder im Wasser rumgetobt. Am meisten Spaß hat uns das Baden gemacht, wenn starker Seewind wehte und sich eine große Welle nach der anderen überschlug.

Nachmittags kam Mutti öfter mit meinen kleinen Geschwistern an den Strand. Meistens brachte sie Marmeladenstullen mit, die wir im Nu aufgefuttert haben, manchmal mit Sand zwischen den Zähnen.

Während meiner Kindheit spielten vor allem Mädchen gerne mit dem Kreisel. Für das Spiel brauchte man einen Holzkreisel, der meistens bunt angemalt war, und eine Peitsche. Den Bindfaden der Peitsche wickelte man um den Kreisel, steckte die Kreiselspitze in eine Fuge zwischen den Gehwegplatten und zog den Peitschenstock ganz schnell weg. Jetzt tanzte der Kreisel auf dem Bürgersteig. Wenn er umfallen wollte, wurde er mit der Peitsche wieder angetrieben. Mir hat das Kreiselspiel viel Spaß gemacht.

Kreisel mit Peitsche

Anfang 1933 waren die Nationalsozialisten an die Macht gekommen und ihr Chef Adolf Hitler war Reichskanzler geworden. Viele fanden das wohl gut, aber die Juden hatten unter den Nazis sehr zu leiden. In der Stadt wurden die jüdischen Geschäfte geschlossen, auch das Bekleidungshaus, in dem meine Eltern mir ein schönes Kleid gekauft hatten. Und wenn die Leute einen Laden oder ein Amt betraten, mussten sie Heil Hitler sagen und dabei den rechten Arm

24

zum Deutschen Gruß heben, das war Vorschrift. Doch nicht alle hielten sich daran.

Eines Tages schickte uns der Lehrer nach Hause. Wir sollten uns im Radio eine Rede des Führers, wie Hitler allgemein genannt wurde, anhören. Das sei dringend notwendig, sagte der Lehrer noch. Ich ging also nach Hause und schaltete das Radio ein. Wir hatten nicht wie viele den üblichen Volksempfänger, vom Volksmund Göbbelsschnauze genannt, sondern ein Gerät Marke Eigenbau, das mein Vater gebaut hatte. Der Führer sprach – aber ich habe nichts verstanden.

Bald danach, ich weiß nicht mehr genau wann, hieß es: der Führer kommt. Alles, was laufen konnte, war auf den Beinen, auch ich. Hitler kam mit dem Zug. Der fuhr langsam durch die Stadt zum Hafen. Die Menschen standen dicht gedrängt und jubelten ihm zu, dabei rissen sie den rechten Arm hoch und schrien Heil, Heil. Mir ist so, als hätte ich ihn am Zugfenster gesehen, aber das weiß ich heute auch nicht mehr genau.

Mein Vater hatte ein Akkordeon, darauf spielte er sonntags gerne mal bei uns im Flur. In einem seiner Lieder kamen Spatz und Sperling vor. Mutti hat mir erzählt, Inge hätte schon als kleines Kind mitgesungen, da sie aber noch nicht richtig sprechen konnte, sang sie immer der Patz, der Patz, der Perling, der Perling.

Papa angelte auch gerne und aß gerne Fisch. Mit dem Fahrrad fuhr er oft nach Kaseburg an die Swine. Dort saß er dann stundenlang mit der Stippangel auf Aal an. Damals gab es noch viele Aale in der Swine.

Einmal hat er mich mitgenommen. Während er sein Angelzeug auspackte, erzählte er mir, dass er mal mit Inge hier war und einen großen Aal gefangen hat. Aber Inge war neugierig, nahm den Aal in die Hand und schwupp! – weg war er. Einen lebenden Aal kann man mit der bloßen Hand nicht festhalten. Den Spott darüber musste Inge sich noch lange anhören. Ob mein Vater Aale geangelt hat, als ich dabei war, weiß ich nicht mehr. Ich saß meistens in den Himbeersträuchern, die am Ufer standen, und habe mich an den süßen Früchten so richtig satt gegessen.

Sonntagsvormittags ging unser Vater öfter mit uns Kindern spazieren, meistens am Hafen. Bis dahin war es nicht weit von unserer Wohnung und es gab dort immer was Neues zu sehen. Kleine und große Schiffe legten am Kai an oder stachen in See, manchmal mit dröhnendem Horn.

Als ich einmal alleine mit Papa am Hafen war, stand dort ein Eisverkäufer mit einem kleinen Wagen. Ich bekam eine Waffeltüte mit zwei Kugeln, da waren kleine Eisstückchen drin.

Einmal brach die ganze Diebitz-Familie zu einer Wanderung nach Kamminke auf, mein Vater kannte dort einige junge Männer. Das Fischerdorf liegt ungefähr drei Kilometer von Swinemünde entfernt am Stettiner Haff. Mehrere Gebäude des Ortes stehen an einem Abhang. Wir haben Familie Hölke besucht. Was wir bei den Leuten gemacht haben, weiß ich nicht mehr, auch nicht, warum wir überhaupt in Kamminke waren.

Onkel Artur, Oma Muttis Bruder, wohnte mit seiner Frau auch in Swinemünde, aber in einem anderen Stadtteil als wir. Die Eheleute hatten keine Kinder, hätten aber gerne welche gehabt. So kamen sie auf die Idee, mich – ich ging damals noch nicht zur Schule – für eine Weile zu sich zu nehmen. Doch als Papa von der Arbeit kam und Helga nicht da war, hat er sich sofort aufs Fahrrad gesetzt und seine Püppi nach Hause geholt.

Einige Zeit später hat Familie Lindengrün es noch mal mit Ruthchen versucht. Aber ihr war es bei Onkel Artur zu ruhig; nur die Uhr tickte im Wohnzimmer, sonst war es in der ganzen Wohnung mucksmäuschenstill. Vor allem aber fehlten ihr ihre Geschwister. Also kam auch meine Schwester schnell wieder nach Hause.

Die ersten Jahre, als mein Vater im E-Werk beschäftigt war, hat er wenig verdient und meine Mutter konnte nichts dazuverdienen, weil sie mit ihren Kindern und dem Haushalt genug zu tun hatte. Darum war das Geld meistens knapp. Aber in dem Lebensmittelladen nahe unserer Wohnung, wo wir einkauften, konnte man anschreiben lassen. Freitags bekam Papa seinen Wochenlohn und dann wurden die Schulden bezahlt. Erst als mein Vater seinen Elektromeister gemacht hatte und auf dem Flugplatz Garz arbeitete, verdiente er gut. Wir konnten jetzt Muttis Wunsch erfüllen und Oma Minna in Dresden besuchen.

In Berlin mussten wir ein paar Stunden auf den Zug nach Dresden warten und schauten in der Zeit bei Tante Else und Onkel Max vorbei. Mit mir wurde wieder Schabernack getrieben: Als sich alle verabschiedeten, sollte ich in Berlin bleiben. Ich bin aber schnell hinterhergelaufen, als die anderen gingen.

Oma Minna hat sich über unseren Besuch gefreut und uns bewirtet. An einem Tag sind wir mit dem Elbdampfer gefahren. Ich habe aber traurig aus dem Fenster geschaut, weil ich erkältet war.

Damals kam bei uns das Rollschuhlaufen in Mode. Ich war gleich Feuer und Flamme, hatte aber leider keine Rollschuhe. Doch meine Mutter fand in der Zeitung eine Anzeige, in der welche angeboten wurden. Die kaufte sie mir – und ich war selig. Am liebsten bin ich auf einer schönen glatten Asphaltstraße in der Nähe unseres Hauses gelaufen. Mit anderen Kindern bin ich auch ab und an auf der Straße bis zum Marktplatz gerollt, da dort nur selten mal ein Auto fuhr. Bald konnte ich sogar kleine Kunststücke.

An die Sommerferien 1939 kann ich mich kaum noch erinnern. Wir werden wohl wieder die meiste Zeit am Strand gewesen sein. Im Juli hat Familie Diebitz noch einmal Zuwachs bekommen, meine jüngste Schwester Lieselotte – Lilo – wurde geboren – und plötzlich war Krieg.

Nachdem Inge acht Jahre die Volksschule besucht hatte, ging sie zu einer Schneiderin in die Lehre. Es war nicht weit bis dorthin, denn die Schneiderwerkstatt befand sich im Parterre eines Hauses gleich bei uns um die Ecke. Dort wollte auch Hannchen aus Kaseburg das Schneiderhandwerk erlernen. Um gut sehen zu können, saßen die Mädchen mit ihrem Nähzeug an den Fenstern. Inges Kontakt zu Hannchen ist nie abgerissen, sie telefoniert heute noch mit ihr.

In der ersten Zeit bin ich an Inges Fenster oft vorbeigelaufen und habe ihren Namen gerufen. Später hat sie mir manches von der Näherei beigebracht, auch den Umgang mit der Nähmaschine. Handarbeiten habe ich immer gerne gemacht.

In Swinemünde gab es zwei Kinos, in denen auch noch während des Krieges Filmvorführungen stattfanden. Eins davon befand sich in der Nähe des Hafens am kleinen Markt, nicht weit entfernt von unserer Wohnung. Wenn dort Programmwechsel war, kaufte Oma Mutti am Tage die Karten und sah sich am Abend mit meiner Mutter den neuen Film an. Muttis Schwarm unter den Schauspielern war Johannes Heesters.

Mein Vater liebte das Meer. Der Hafen und die Seefahrt waren sein Ein und Alles. Darum hatte er sich schon vor Jahren an der Marineschule Flensburg zum Funker ausbilden lassen.

Jetzt, im Krieg, war er auf einem Minensuchboot stationiert und bald Oberfunkmeister geworden. Ich fand ihn, groß und schlank, ganz toll in der schicken Uniform. Hin und wieder legten die vier Boote der Minensucherflottille in Swinemünde an, dann hatte mein Papa ein paar Tage Urlaub und kam nach Hause.

Er hat mich auch mal mit an Bord genommen. Wir sind über die Boote geklettert, die gar nicht so groß waren, wie ich dachte. Es ging über eine schmale Schiffstreppe nach unten. Ein Matrose öffnete dort ein Schreibtisch-Schubfach, in dem nur Bonbons lagen, und gab mir eine ganze Handvoll davon. Ich fand das alles sehr aufregend.

Marineschüler in Flensburg, Zweiter von links Hans Diebitz

Später fuhr als lebendes Maskottchen ein Foxterrier auf Papas Boot mit. Den brachte mein Vater mal mit nach Hause. Das war für uns Kinder eine Sensation: Wir hatten noch nie einen Hund in der Wohnung gehabt. Ich bewunderte den kleinen Rüden, wenn er in seinem Körbchen lag und im Traum mit den Beinen strampelte.

Papa hat mir erlaubt, mit dem Hund im Park spazieren zu gehen. Darüber habe ich mich sehr gefreut. Doch als der Foxterrier einmal stehen blieb und unverwandt in eine Richtung blickte, fürchtete ich, er könnte mir weglaufen und bin schnell mit ihm nach Hause gegangen.

Die Flottille legte auch in anderen Häfen an. Beim Land-
gang hat Papa schöne Sachen für seine Kinder gekauft. Ein
bunt kariertes Taftkleid hatte meine Größe. Die randgenäh-
ten Lackschuhe wollte Ruthchen haben, aber sie waren ihr
zu klein. Mir passten sie. Ich habe sie an mein Bett gestellt
und bin am nächsten Tag mit den Schuhen, von Mutti und
Inge beäugt, auf der Straße herumstolziert.

Von links: Lilo, Mutti, Ulla, Ruth und Helga im Taftkleid

Onkel Heinz, Papas jüngerer Bruder, studierte an der Bau-
gewerkschule Stettin. Seine Mutter unterstützte ihn dabei,
indem sie ihm mit der Fähre regelmäßig Lebensmittel und
saubere Wäsche schickte.

Doch dann musste er Soldat werden und kam an die
Front. Dort ist er beim Vormarsch auf eine Mine getreten.
Bei der Explosion wurde ihm der rechte Unterschenkel abgerissen. Zum Glück hat ihn ein Kamerad zurück zur Truppe geschleppt, sonst wäre er verblutet.

Mein Onkel kam danach ins Militärkrankenhaus Swinemünde. Hier fand er seine große Liebe: Lieselotte Haukohl. Sie arbeitete als Krankenschwester in dem Lazarett.

Das frisch verliebte Paar hat uns besucht. Ich spielte mit Ruthchen auf dem Hof. Onkel Heinz hat uns Kaugummi geschenkt und dabei seine Freundin gefragt, ob sie auch solche hübschen Kinder haben möchte.

Später haben die beiden geheiratet und sind nach Lübeck gezogen, wo Lieselottes Elten wohnten.

Bei uns hinten im Hof war eine geräumige Waschküche. Hier wurde die weiße Wäsche in einem großen Kessel gekocht und danach in einer Wanne auf dem Waschbrett gerubbelt oder mit der Bürste gereinigt. Das war eine sehr schwere Arbeit, mit der unsere Mutter den Ganzen Tag zu tun hatte. Inge musste ihr meistens helfen; manchmal half ihr auch ihre Schwiegermutter.

Oma Mutti hat gerne gewaschen und mit dem Waschen sogar Geld verdient. Meine Oma wusch die weißen Hemden von Musikern.

Mir hat es Spaß gemacht, mit Mutti die Wäsche auf dem Dachboden im Hinterhaus aufzuhängen. Für mich war es immer ein kleines Abenteuer, über die steile Treppe auf den Boden zu steigen.

Wenn die Wäsche trocken war, wurde sie in einem großen Korb mit dem Ziehwagen zu einer Wäschemangel gefahren. Die Mangel befand sich ein paar Häuser weiter auf der anderen Straßenseite in einem Gebäude auf dem Hof. Da bin ich auch gerne mitgegangen. Die Wäschemangel bestand aus Walzen und einem großen Holzkasten, der mit Steinplatten gefüllt war. Die Wäsche wickelte man mit Mangeltüchern um die Walzen. Dann wurde der schwere Kasten mit einem Kurbelrad auf den Walzen langsam hin- und hergerollt, was ziemlich viel Lärm machte. Ich hatte Spaß daran, das Kurbelrad zu drehen.

Vor Feiertagen wie Ostern und Weihnachten hieß es bei uns immer „backe, backe Kuchen". Mama und Oma Mutti rührten in zwei riesigen Schüsseln den Teig an. In einer Hefeteig, in der anderen Pulverteig. Die süße Masse füllten sie in verschiedene Backformen, auch in unsere schönen Keramikformen. Danach wurden die gefüllten Kuchenbehälter mit dem Ziehwagen zum Bäcker gefahren und später, nachdem der Teig gebacken war, wieder abgeholt

Irgendwann zu Weihnachten bekamen Horst, Ruth und ich eine Laubsäge geschenkt. Alsbald setzten wir uns hin, kopierten Bilder auf Sperrholz und sägten sie mit der Laubsäge aus. Unsere erste Figur war ein Hahn. Opa Otto hat uns gezeigt, wie man mit der Laubsäge umgehen muss, damit das zarte Sägeblatt nicht gleich zerbricht. Uns anzuleiten, hat ihm Spaß gemacht, Holz war doch sein Element. Mir hat das Malen und Aussägen sehr gefallen.

Opa Otto hatte uns auch einen schönen Schlitten gebaut, auf dem vier Kinder Platz fanden. Als mal sehr viel Schnee gefallen war, machten wir – Inge, Horst, Ruthchen und ich – uns auf den Weg zur Rodelbahn. Die lag auf einem Hügel im Wald und war ziemlich lang. Neben der Bahn gab es auch eine kleine Schanze. Dort rodelten wir eine Weile.

Auf dem Heimweg kamen wir an einem steilen Abhang vorbei und Horst rief: „Los! Da sausen wir runter!" Ich hatte kein gutes Gefühl und habe mich hinten hingesetzt. Ruth saß ganz vorne. Ein großer Baum muss unser Gefährt wohl magisch angezogen haben, denn die Sausefahrt endete ganz plötzlich an seinem dicken Stamm. Ruth war gegen den Baum geprallt und bekam fast keine Luft mehr. Den Schlitten hatte es auch erwischt, er war in zwei Teile zerbrochen. Aber Horst, dem immer was einfiel, klopfte die beiden Teile wieder zusammen. So brachten wir den Schlitten nach Hause, stellten ihn aufrecht in den Stall und hofften, dass der Schaden nicht gleich bemerkt werden würde.

Doch als Papa abends sein Fahrrad in den Stall gestellt hatte, sagte er zu uns: „Ihr denkt wohl, ich merke nicht, dass der Schlitten kaputt ist!" Aber ausgeschimpft hat er uns nicht.

Wir waren am Hafen. Horst, Inge und ihre Freundin Irmgard wollten mit der Fähre nach Ostswine rüberfahren und nur Ruthchen und mich, die kleinen Geschwister aber nicht mitnehmen, denn das Übersetzen musste bezahlt werden. Nach einigem Hin und Her haben sie aber doch alle mitgenommen. Was wir in Ostswine gemacht haben, ist mir entfallen, aber für die Rückfahrt reichte das Geld nicht. Doch Horst hatte wie immer den rettenden Einfall. Er ging mit mir zu einer fremden Familie und ließ mich dort so stehen, als ob ich zu den Leuten gehörte. Mir kullerten sofort die Tränen übers Gesicht – doch es ging gut, niemand hat nach Fahrkarten gefragt.

Auf der anderen Seite unserer Straße wohnte ein Junge, der Heinrich hieß. Den neckten wir öfter, meine Freundin Rosl und ich. Wenn wir ihn sahen riefen wir: „Heinrich der Wagen bricht! Ohne Räder fährt er nicht." Danach liefen wir weg und der Junge verfolgte uns mit dem Fahrrad.

Heinrich war mein heimlicher Schwarm, warum, weiß ich nicht genau, vielleicht, weil er auch solche schwarzen Haare wie mein Vater hatte. Ein Mädchen war mir aber auf die Schliche gekommen und hänselte mich mit Heinrich, wenn sie mich sah, worauf ich prompt losheulte.

Nach vielen Jahren, haben wir uns in Heringsdorf wiedergesehen. Heinrich war inzwischen Lokführer und konnte sich an unsere Kinderneckerei noch erinnern.

Der Krieg zog sich hin. Wir mussten schon lange jeden Abend alle Fenster verdunkeln, dazu ließen wir schwarze Rollos herunter, bevor wir Licht anmachten. Viele Städte waren bombardiert worden. Auch in Swinemünde heulten öfter die Sirenen. Wir rannten dann ein paar Häuser weiter über die Straße durch einen Garten zum Luftschutzkeller. Der hatte vier große Räume und wurde am Eingang mit einer schweren Stahltür verschlossen.

Bisher waren das in unserer Stadt allerdings nur Übungen gewesen oder der Angriff hatte woanders stattgefunden.

Aber 1944 musste man ständig mit Luftangriffen rechnen, viele Swinemünder sollten jetzt ins Umland ausquartiert werden. Mutti und wir Kinder fanden ein Quartier bei Opa Ottos Bruder Fritz in Zirchow.

Emilie und Fritz Diebitz hatten zwei Töchter, Frieda und Hertha. Die Familie wohnte im Erdgeschoss eines Doppelhauses; wir bezogen einige Räume im Dachgeschoss.

Einmal kam ich dazu, wie Tante Emilie in der Küche Butterbrote schmierte. Doch kaum hatte sie die Butter aufs Brot gestrichen, kratzte sie sie auch schon wieder runter. Das kam mir seltsam vor.

Offensichtlich ärgerte Onkel Fritz sich schon lange darüber, dass die Tür zwischen Küche und Schlafzimmer immer offen stand, auch wenn er seine Frauen noch so oft ersuchte, doch bitte die Tür zu schließen. Als Tante Emilie sie aber wirklich mal zumachen wollte, wäre sie sozusagen beinah mit der Tür ins Haus gefallen. Onkel Fritz hatte seinem Ärger Luft gemacht und sie – ausgehängt.

Bis auf Horst, der den Schulbesuch schon hinter sich und Lilo, die ihn noch vor sich hatte, mussten wir – Ruthchen, Hansi, Ulla und ich – jetzt in Zirchow zur Schule gehen.

Hier wurden alle Kinder von der ersten bis zur achten Klasse in einem einzigen Raum unterrichtet. Unser Lehrer hatte immer einen kräftigen Stock in der Hand, wenn er an den Bänken entlang ging und den Kindern Fragen stellte. Etwa die: Was ist ein PS? Das wusste keiner. Da spuckte er in einen kleinen Napf, der neben dem Kachelofen stand. Brrr! Das war total eklig. So was hatte ich noch nie gesehen.

Einmal sollte ein hübsches blondes Mädchen eine Frage beantworten. Aber die Schülerin wusste wohl keine Antwort und musste aufstehen. Der Lehrer drückte ihr seinen Stock in den Rücken, dem Mädchen standen die Tränen in den Augen, doch es sagte nichts.

Mir war es besser ergangen. Da ich eine schöne Handschrift hatte, hielt der Lehrer mein Schreibheft hoch und zeigte es allen Kindern. Doch nach dem nächsten Diktat war meine Freude schnell verflogen. Darin kam das Wort „spazieren" vor, das ich prompt falsch geschrieben hatte. Meine Berichtigung enthielt etliche Vorschläge für die richtige Schreibweise. Der originellste war „spatzevizieren". Darüber hat sich mein Vater im Urlaub halb totgelacht.

An Zirchow führte die D-Zugstrecke Berlin–Swinemünde vorbei. Im nahen Gutsort Kutzow, nicht allzu weit von unserem Notquartier bei Onkel Fritz, befand sich eine Haltestelle. Dort stieg man in den Zug, wenn man in die Kreisstadt fahren wollten.

Während eines Urlaubs fuhr Papa mit mir nach Swinemünde, er wollte aus unserer Wohnung einen Koffer holen. Bei der Rückfahrt nach Kutzow saßen in unserm Abteil zwei junge Männer, die sich ziemlich laut und ungeniert über Sex unterhielten. Sie gebrauchten auch das derbe Wort mit „f". Mein Vater hat sich darüber sehr empört, die Burschen nach ihrem Alter gefragt und ihnen wegen ihrer vulgären Ausdrucksweise Vorhaltungen gemacht. Er war dermaßen in Fahrt geraten, dass er beim Aussteigen vergessen hat, den Koffer mitzunehmen. Seit der Bahnfahrt habe ich eine besondere Abneigung gegen dieses Wort.

Tante Friedchen war meine Lieblingstante. Sie hatte ein schweres Schicksal zu tragen. Ihr Mann, Johannes Schünemann aus Garz, war mit dem Motorrad verunglückt und ihre Tochter – einziges Kind – verstorben. Tante Hertha hatte auch lange auf Nachwuchs gehofft – doch vergebens.

So war mit uns Kindern viel Leben bei Onkel Fritz eingezogen. Zur Toilette auf dem Hof gingen wir gewöhnlich im Gänsemarsch. Wenn es schon dunkel war, hatte ich eine brennende Kerze in der Hand und das warme Wachs tropfte mir auf die Finger. Mir gefiel es, wie sich das erkaltende Kerzenwachs in der Hand formte.

Tante Friedchen hat mich auf den Friedhof zum Grab ihrer kleinen Tochter mitgenommen; sie sprach immer nur von ihrem Engelchen.

Frieda, geb. Diebitz, und Johannes Schünemann 1934

Sie hat mir viel von Korswandt erzählt und vom Wolgastsee gradezu geschwärmt. Weil ich so sehr gebettelt habe, ist sie eines Tages mit mir die etwa vier Kilometer über die Felder und durch den Wald nach Korswandt gewandert und hat mir den wunderschönen See gezeigt.

Unterwegs waren wir am Krebssee vorbeigekommen. Wie der Wolgastsee ist auch er von Wald umgeben, aber kleiner als jener. Im Krebssee habe ich mit den Schwestern und Freundinnen ab und an gebadet. Die Tanten hatten dann immer Angst um uns, weil es in dem See gleich steil in die Tiefe geht.

Einmal hatten wir beim Baden Streit mit anderen Mädchen, meine Freundin und ich. Darum beschlossen wir, nicht mit ihnen auf dem üblichen Weg nach Hause zu gehen und wählten einen anderen Weg. Doch nach einer Weile wussten wir nicht mehr, wo wir waren. Der Wald wollte und wollte kein Ende nehmen. „Irgendwo muss dieser Weg doch hinführen", sagte ich zu meiner Freundin. Und richtig: er führte auf die Straße Zirchow–Swinemünde. So haben wir schließlich doch noch nach Hause gefunden.

Korswandt, Hotel und Gaststätte Idyll am Wolgastsee 1940

Meine Mutter wollte mit den kleinen Geschwistern nach Swinemünde fahren. Hansi, Ulla und Lilo waren schon vorausgelaufen und eingestiegen, als der Zug in Kutzow ankam. Doch wo war Mama? Sie hatte die Abfahrt verpasst, die Kinder fuhren ohne sie in die Stadt. Meine Mutter geriet in Panik und machte sich eilig zu Fuß auf den Weg. Aber sie war im achten Monat schwanger.

Bald nach dem Gewaltmarsch setzten bei ihr die Wehen ein, Mutti kam ins Krankenhaus. Die Ärzte verzögerten die Geburt. In der Nazi-Zeit sollte, selbst gegen ärztliches Wissen, jedes Kind lebend auf die Welt gebracht werden. Doch für meine Mutter war das eine qualvolle Schinderei. Am sechsundzwanzigsten Juni 1944 ist mein Bruder Günter geboren worden – aber schon am nächsten Tag gestorben.

Oma Mutti und Opa Otto waren in Swinemünde geblieben, als wir nach Zirchow evakuiert worden waren. Wir haben sie öfter besucht, Ruthchen, Horst und ich. Einmal war unser Bruder mit dem Fahrrad da.

Als wir wieder nach Zirchow aufbrachen, hatte er die tolle Idee, seine Schwestern auf dem Fahrrad mitzunehmen. Ruht setzte sich vorne auf die Stange und ich hinten auf den Gepäckträger. Das ging eine ganze Weile gut, bis eine Radfahrerin unser Gefährt überholte. Da schwoll meinem Bruder der Kamm. Es war schon schummrig und er fuhr mit Licht. „Helga", rief er mir zu, „mach mal mit dem Fuß den Dynamo aus!" Ich hob das Bein und spürte sofort einen stechenden Schmerz. Mein Aufschrei war vielleicht bis nach Zirchow zu hören. Horst hielt sofort an. Wir stiegen ab und besahen den Schaden. Mein Strumpf war zerrissen und in der Ferse klaffte eine Wunde. Ich war wohl mit dem Fuß in die Speichen geraten.

Horst hatte nur Bammel, dass wir zu Hause Ärger bekämen. Aber Mutti hat nicht geschimpft, vielleicht dachte sie: „Ein Glück, dass nicht mehr passiert ist."

Das war nun die sechste Kriegsweihnacht und die feierten wir in Zirchow. Vor allem Tante Friedchen und Tante Hertha, die sonst keine Kinder beschenken konnten, hatten für uns viele Geschenke angefertigt: Handschuhe und Socken gestrickt, Nachthemden aus weißem Stoff genäht, die Hemden mit Stickerei verziert, und manches mehr.

Heiligabend standen sieben Stühle im Wohnzimmer. Für jedes Kind lag etwas auf seinem Stuhl. Wir standen an und jeder sollte ein Gedicht aufsagen. Da rollten bei mir natürlich wieder die Tränen. Aber die Tanten trösteten mich sofort und sagten: „Nein, nein! Du brauchst kein Gedicht aufzusagen." Sie wollten doch Kinder beschenken, die sich freuten.

Mitte Februar verlautete, dass die Angloamerikaner in mehreren Wellen Dresden bombardiert hätten. Die Altstadt sei völlig zerstört, ein Feuersturm wüte, überall lägen Tote, unter ihnen viele Flüchtlinge aus den Ostgebieten. Wir waren in großer Sorge um unsere Verwandten.

Wie wir später erfuhren, hatten Oma Minna, Tante Liesel sowie ihre Töchter Brunhilde, Elga und Karin überlebt. Aber meine Kusine Christa, mit der ich an unserer Teppichstange geturnt hatte, war in einem Luftschutzkeller ums Leben gekommen.

Noch im Februar waren wir mit Sack und Pack von Zirchow nach Swinemünde zurückgekehrt.

Dann kam der zwölfte März 1945, ein linder Vorfrühlingstag mit einem strahlend blauen Himmel. Gegen zwölf fingen die Sirenen an zu heulen. Über uns war ein bedrohliches Brummen zu hören. Wir rannten zum Luftschutzbunker. Mutti rief: „Wo sind Horst und Ruth?" Ich blickte mich um, die liefen hinter uns. Horst beäugte den Himmel und sah die Bomben fallen. Da krachte es auch schon. Ein ohrenbetäubendes Getöse ließ die Erde erzittern. Kurz vor dem Eingang riss der Luftdruck einer Detonation Ruth die Jacke vom Leib.

Im Bunker meinte eine Frau, man solle sich Nase und Ohren zuhalten, sonst könnte die Lunge platzen. Wir saßen mit unserer Mutter zusammengekauert eng bei einander. Rums! Dicht neben der Außenwand explodierte eine Bombe. Man spürte die Erschütterung, in unseren Raum drang Wasser ein.

Der Angriff dauerte etwa eine Stunde. Nach dem Bombenhagel verließen alle schweigend den Luftschutzbunker. Wir waren wie benommen. In unserer Straße hatte es keine Einschläge gegeben, aber im Park entdeckten wir später einige Bombentrichter. Aus Angst vor weiteren Angriffen konnten wir uns lange nicht beruhigen.

Zwar waren wir nicht ausgebombt worden, aber die Stadt hatte es schlimm erwischt. So entschied sich Mutti, mit ihren Kindern Swinemünde zu verlassen. Das Nötigste wurde auf zwei kleinen Ziehwagen verstaut, Oma und Opa halfen uns. Horst kam ganz aufgeregt angelaufen und sagte: „Da kommt ein Auto, das die Toten aufsammelt." Ich lief auf die Straße. Der Wagen fuhr vorbei und hinten kuckten die Beine einer Frau raus. Dann zogen wir los.

Ruth mit Hansi, Ulla und Lilo

Unser Ziel war das etwa fünf Kilometer entfernte Korswandt, da stammten unsere Großeltern her. Wir kamen durch die stark zerstörte Färberstraße, überall brannte es und tote Pferde lagen herum. Nach einer Weile erreichten wir den Wald. Danach tauchten bald zur Rechten das Wasserwerk und zur Linken der Wolgastsee auf. Schließlich hatten wir das Dorf erreicht.

In Korswandt wollte keiner unserer Verwandten die Familie mit den vielen Kindern aufnehmen. Am Ende hat sich Tante Hertha Raetz, eine Schwester unserer Oma Mutti, erbarmt; sie ließ uns auf dem Heuboden ihres Hauses übernachten. Uns Kindern gefiel das, ich fand es ganz toll.

Am nächsten Tag standen etliche Kinder aus dem Dorf vor Tante Herthas Haus, sie waren neugierig und wollten wissen, was da für Kinder angekommen waren.

Gegenüber von unserer neuen Bleibe befand sich ein bewaldeter Sandberg, den haben wir sofort erobert. Dort konnte man sehr schön spielen und die Bäume waren genau das Richtige für meine Kletterkünste.

Zirchow, Korswandt, Garz, Kamminke – Swinemünde

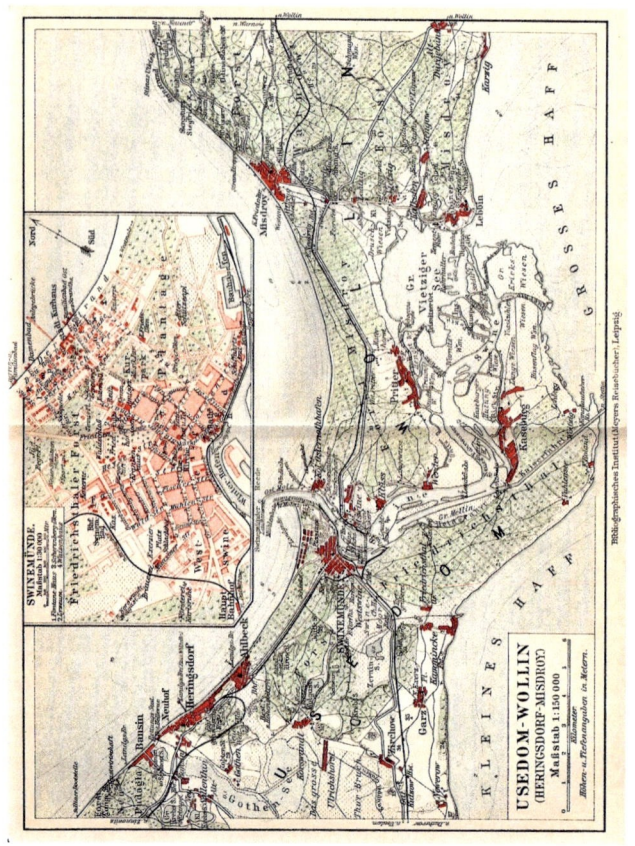

Usedom-Wollin um 1910 mit der zweigleisigen Hauptbahnstrecke Ducherow–Heringsdorf, der Haltestelle Kutzow, dem Haupt- und Badbahnhof in der Kreisstadt Swinemünde, sowie den Bahnhöfen Ahlbeck, Heringsdorf und Bansin. Ab Heringsdorf wurde die Strecke als eingleisige Nebenbahn bis Wolgaster Fähre weitergeführt.

Nach Inbetriebnahme der damals modernen Hubbrücke bei Karnin 1933 betrug die Fahrzeit von Berlin nach Swinemünde etwa zweieinhalb Stunden.

Anfang Mai war immer öfter ein Satz zu hören: Die Russen kommen. Dann kamen sie – in kleinen Panjewagen. Ihren Wagenpark stellten sie vor dem Sandberg ab.

Die Offiziere feierten in Tante Hertas Wohnzimmer, passende Getränke hatten sie mitgebracht. Da war auch Papas Akkordeon abgestellt, aber keiner der Männer konnte darauf spielen.

Mit der Zeit wurde die Feierrunde immer ausgelassener. Mutti saß mit meinen kleinen Geschwistern auch im Zimmer. Ich – vierzehn und noch nicht sehr entwickelt – wollte rausgehen, da musterte mich ein Offizier von oben bis unten, ging schließlich aber in eindeutiger Absicht auf meine Mutter zu. Ich rannte sofort zu ihr, die Kleinen haben „Mama! Mama!" geschrien und Mutti umarmt. Da besann sich der Mann und ließ von unserer Mutter ab. Doch eine junge Frau, die vor den Bombenangriffen auf Köln nach Korswandt geflohen war und sich bei Tante Hertha aufhielt, ist vergewaltigt worden.

Einfache Soldaten haben sich kaum sehen lassen. Einer ist in die Küche gekommen und hat einen Blechnapf ausgewaschen. Andere wollten unsere Federbetten, die wir auf dem Hof untergebracht hatten, mitnehmen, aber alle Kinder haben sie festgehalten. Letzten Endes sind sie ohne Betten abgezogen.

Wir sind später zu Tante Selma Gamradt gezogen, einer Schwester von Opa Otto. Gamradts hatten ein kleines Haus auf dem Berg neben der Mühle.

Die Russen waren ganz verrückt nach Armbanduhren. Sobald sie auftauchten, riefen sie sofort: „Uhri, Uhri! Auch Eier wollten sie haben, dann hieß es: Jeika, Jeika!

Einmal kam ein junger Soldat auf den Hof, dem hat Tante Selma Eier gegeben; die steckte er in die Hosentasche. Irgendwo hatte er schon ein Fahrrad mitgehen lassen, darauf fuhr er fort. Aber er war wohl etwas ungeübt, denn er streifte gleich die nächste Hauswand und holte danach Rührei aus seiner Hosentasche. Wir Kinder hatten das alles beobachtet und brachen in großen Jubel aus.

Bei Tante Selma war es sehr eng. Sie hat sich mal bei einer unserer Großtanten darüber beschwert, dass von der Familie Diebitz jetzt so viele in ihrem Haus wohnten. Da hat die ihr geraten: „Dei mit de veeln Jörn – schmiet se doch rut!" (Die mit den vielen Kindern – schmeiß sie doch raus!) Aber das hat Tante Selma nicht getan.

Eines Nachts mussten alle aufstehen und sich anziehen, weil es gewitterte. Die Tasche mit den wichtigen Papieren wurde bereitgelegt. Ich war überrascht, so was kannte ich nicht. Doch Gamradts Haus hatte wie viele Häuser im Dorf ein Rohrdach, wenn da der Blitz einschlägt, kann schnell ein Brand ausbrechen. Es waren wohl schon mehrere Häuser durch Blitzschlag abgebrannt in Korswandt.

In Ahlbeck und Heringsdorf unterhielt die Rote Armee etliche Dienststellen, darin saßen tagsüber viele Offiziere, die abends Langeweile hatten. Darum schickten sie öfter ein paar Soldaten in die umliegenden Dörfer, um junge Frauen beizutreiben. Die wurden dann die Nacht über vergewaltigt und durften am nächsten Tag wieder nach Hause gehen. Danach haben die Frauen sich versteckt – so gut es ging. Eine hat sich sogar als Mann verkleidet und ist damit durchgekommen.

Opa Otto hatte noch eine Schwester in Korswandt: Tante Minna Pieper. Und Papa sagte immer zu mir: „Du siehst aus wie Tante Minna." Das gefiel mir aber nicht, obwohl ich sie mochte, weil sie lieb zu mir war. Tante Minna sprach immer plattdeutsch. Wenn ich zu ihr kam sagte sie: „Na mien Mäken, wat wisst du denn?" (Na mein Mädchen, was willst du denn?) Das verstand ich kaum, denn ich konnte kein Platt.

Horst glänzte mal wieder mit einer verrückten Idee. In einer Koppel sah er Pferde, die die Besatzer den Bauern weggenommen hatten, und entdeckte plötzlich seine Pferdeliebe. Also hat er flugs ein Ross entführt. Wir waren alle baff, als er mit dem Tier vor Tante Selmas Hoftor stand.

Da er keinen Sattel hatte, band er dem Pferd eine Decke auf den Rücken. Danach sagte er: „Jetzt kannst du reiten, Helga:" Ich hatte keine Angst und stieg mit meinen Gummi- statt mit Reitstiefeln aufs Pferd. Das brave Tier ging mit mir ein Stück den Weg entlang und kehrte dann um. Ich hätte auch gar nicht gewusst, wie ich zurückreiten sollte. Nach mir hat Christa Kabus, die gerade bei uns war, einen Versuch gewagt. Ich weiß nicht, was sie gesagt oder gemacht hat, jedenfalls blieb das Pferd mitten im Lauf auf einmal ruckartig stehen und Christa fiel vornüber in den Sand. Aber zum Glück ist ihr nichts passiert.

Manche Erinnerung an Kindheit und Jugendzeit ist wohl schon etwas verblasst, aber an den achten Mai 1945 kann ich mich noch gut erinnern. Zunächst erfuhren wir, dass der schreckliche Krieg endlich vorbei war, was uns alle in freudige Erregung versetzte. Die Erwachsenen beratschlagten gleich darüber, wie es jetzt weitergehen sollte. Ferner habe ich an diesem Tag zum ersten Mal Knäckebrot mit Sirup gegessen, das hat mir besser geschmeckt als Kuchen. Und schließlich kam noch Opa Otto vorbei, der meinte, für alle Kinder wäre es zu eng bei Tante Selma. Darum wurde beschlossen, ich solle vorläufig wieder bei Onkel Fritz in Zirchow wohnen. „Auch gut!", dachte ich und freute mich auf meine Lieblingstante Friedchen.

Vom Kutzower Gut trieben berittene russische Soldaten eine Herde Kühe durch Zirchow nach Swinemünde. Im letzten Haus standen Onkel Fritz, die Tanten und ich am Küchenfenster und beobachteten das Treiben. Einige Kühe liefen in unsere Toreinfahrt und blieben dort stehen. Die Tanten riefen: „Helga, mach schnell das Tor auf!" Ich rannte raus, ließ eine Kuh auf den Hof und machte das Tor schnell wieder zu. Dann flitzte ich zurück in die Küche. Da kam auch schon einer der Cowboys angeritten und trieb die Kühe aus der Toreinfahrt wieder zur Herde. Die Kuh auf dem Hof hat er nicht gesehen.

Jetzt hatten meine Verwandten eine Kuh – doch die wollte auch jeden Tag was fressen. Da war aber nichts, keine Wiese zum grasen, kein Heu, keine Rüben oder was Kühe sonst noch fressen. Doch dann der rettende Einfall: Die Kuh bekam ein Halsband mit einem Strick daran und ich den Auftrag, das Tier zu hüten. Ich spazierte also mit der Schwarzbunten am Straßenrand entlang und die fraß sich dort an dem saftigen Gras ordentlich satt.

Das ging so eine Weile, bis sich die Kuh eine Blechbüchse in den Fuß getreten hat. Da habe ich sie schnell nach Hause gebracht. Später hat sie auch noch die Maul- und Klauenseuche bekommen.

Auf dem Gut in Kutzow hatte es nicht nur viele Kühe gegeben, sondern auch viel anderes Vieh, so auch zweihundert Hühner. Von denen wurde eine große Menge für die Besatzungsmacht geschlachtet. Jetzt mussten die toten Hühner gerupft und ausgenommen werden. Das sollten Tante Friedchen und Tante Hertha machen. Aber die weigerten sich, das zu tun. Da meinte der neue, von den Russen eingesetzte Bürgermeister, das Mädchen bei Familie Diebitz könnte seiner Tante Emilie doch beim Rupfen und Ausnehmen der Hühner helfen. Mit dem Mädchen hat der Mann mich gemeint.

Ich war an dem Tag gerade vorm Haus, als Bekannte aus Swinemünde mit dem Pferdewagen vorbeifuhren. Sie fragten mich, ob ich bei der Rückfahrt mit heimfahren wolle. Ich wollte, packte schnell meine Sachen und ab gings nach Swinemünde.

Als ich nach Hause kam, begrüßten mich Mutti und meine Geschwister. Während ich in Zirchow die Kuh gehütet habe, waren sie wieder nach Swinemünde gezogen.

Ich sollte nun mit fünf Frauen die Bombentrichter im Park neben unserer Straße zuschaufeln. Wie andere Trümmerfrauen auch, legten wir uns mächtig ins Zeug. Aber bald merkten wir, dass den Riesenlöchern mit der Schippe nicht beizukommen war, da haben wir aufgegeben.

Im Sommer tauchte ein Gerücht auf: Swinemünde würde bald polnisch werden. Von einem Potsdamer Abkommen war die Rede und es seien sogar schon Polen in der Stadt. – Könnte da was dran sein?

Kaum zu glauben. Allerdings: lange bevor darüber Klarheit herrschte, saß ich mit Inge und ihrer Freundin Irmgard bei Oma Mutti im Wohnzimmer, als ein paar junge Polen kamen und nach Opa Otto fragten, aber der war nicht zu Hause. Sie setzten sich zu uns ins Zimmer, um auf ihn zu warten. Irmgard und Inge waren schon achtzehn und standen in voller Blüte – da haben die jungen Männer versucht, mit ihnen anzubändeln. Als ein Bursche Inge küssen wollte, bekam ich es mit der Angst zu tun und fing an zu heulen. Doch einer der jungen Polen hatte wohl Mitleid mit mir, er schenkte mir hundert Słoty. Um weiterer Zudringlichkeit aus dem Wege zu gehen, haben wir Mädchen Omas Wohnung schnellstens verlassen und sind zu Irmgards Eltern gegangen.

Für das Polengeld habe ich später ein Brot gekauft.

In den letzten Kriegsjahren hatten wir schon wenig zu essen gehabt, aber jetzt begann eine schlimme Hungerzeit. Doch Oma Mutti war pfiffig. Sie hatte entdeckt, dass drei, vier Straßen weiter eine Bäckerei von der Roten Armee betrieben wurde. Dorthin ging unsere Oma arbeiten und brachte öfter einen Beutel voll zerbrochener frischer Brote mit. Die Brocken haben wir ratzfatz weggeputzt. Nie zuvor hat uns trocken Brot so gut geschmeckt; vielleicht weil wir alle Hunger litten. Oma sagte dann: „Bei euch kann man Brot reinschmeißen, wie in ein großes Loch."

Wir Kinder sind auch zu der Bäckerei gelaufen. Es hatte sich herumgesprochen, dass dort immer ein Lastauto kam und Brot abholte. Wir machten uns einen Spaß daraus, darum zu betteln. Wenn das Auto beladen wurde, reckten wir die Hände hoch und riefen: „Chleb! Chleb!" Meistens haben wir Brot bekommen. Zu Kindern waren die russischen Soldaten sehr freundlich.

Horst und sein Freund hatten eine Baracke aufgespürt, in der noch Konserven aus Wehrmachtsbeständen lagerten. Davon brachte mein Bruder etliche Dosen mit nach Hause. Die Büchsen waren nicht beschriftet und wir gespannt, was da wohl drin sein mochte. Horst öffnete eine Dose und verzog das Gesicht: grüne Bohnen, kein Krümel Fleisch oder sonst was, nur grüne Bohnen. Die gab es bei uns dann drei Tage lang, einmal durch den Wolf gedreht, da brauchte man nicht viel zu kauen. Seitdem kann ich an grüne Bohnen nicht mehr ran.

Oma Schütt kam mit dem ganzen „Kuddelmuddel" nicht mehr so richtig klar. Wenn sie was erzählte, folgte zum Schluss immer der Satz: „Ich könnte es laut in die Welt hinausschreien! Nun reden Sie!" Das gefiel Horst so gut, dass er bei jeder passenden Gelegenheit seinen Äußerungen auch diesen beeindruckenden Satz folgen ließ.

Bisher hatten die Einfälle meines Bruders kaum üble Folgen gehabt, doch bei seiner neusten Idee war das anders. Horst hatte zwei alte Telefone seines Vaters gefunden und zusammen mit seinem Freund, der in der Nähe wohnte, sowie mit etwas Stahldraht eine Telefonverbindung zwischen den Wohnungen eingerichtet. Das haben aber die Russen bemerkt und die beiden der Spionage bezichtigt. Natürlich war das kompletter Blödsinn, dennoch wurden Horst und sein Freund eingesperrt. Oma Mutti hat sich bei der Besatzungsmacht darüber beschwert, fand aber kein Gehör, sondern ist mit Schlägen davongejagt worden.

Schließlich sind die beiden Freunde wieder freigekommen, allerdings ohne ihre Haare. Wer bei der Roten Armee einsaß, wurde kahlgeschoren. Um seine Glatze zu verbergen, hat Horst sich immer einen Hut aufgesetzt. Doch hin und wieder hat er ihn abgenommen und Fratzen geschnitten.

Inzwischen stand amtlich fest, dass Swinemünde polnisch wird. Oma Frieda und Opa Otto wollten wegen ihrer Häuser die Stadt nicht verlassen, aber Mutti ist mit den jüngeren Geschwistern nach Korswandt gezogen. Ihr wurden einige Räume im Hotel Idyll am Wolgastsee zugewiesen.

Unser Großvater verstand sich gut mit den Russen. Ein Zimmermann kam ihnen gerade recht: das Villenviertel am Strand wurde eingezäunt. Hier wohnte nur die Rote Armee.

Auch Inge arbeitete für die Russen. Sie hat alte Militärmäntel aufgetrennt, gewendet und wieder zusammengenäht. Die Mäntel waren danach wie neu. So hatten wir und auch Mutti in Korswandt etwas Geld.

Einmal kam Horst mit seinem Freund ganz aufgeregt in unsere Dachwohnung gestürmt und rief: „Ihr müsst sofort abhauen, gleich durchs Fenster! Jetzt kommen Polen, die suchen Mädchen!" Wir stiegen aufs Dach, krochen an der Regenrinne entlang zum Giebel und gelangten dort über das Hoftor auf den Bürgersteig. Als zwei russische Soldaten an uns vorbeigingen, habe ich sie angesprochen und gebeten, mit in unsere Wohnung zu kommen. Ein Soldat sprach mit den Polen und gleich klärte sich alles auf. Die Polen suchten keine Mädchen, sondern *ein* Mädchen, aber weder Inge noch mich. Hatte unser Bruder da was falsch verstanden? – Jedenfalls wollte er seine Schwestern beschützen.

Damals waren vor allem Lebensmittel knapp, aber auch Tabak und Zigaretten. Darum liefen Horst und Opa Otto immer mal durch die Stadt und suchten die Bürgersteige nach Kippen ab. Mein Bruder war erst fünfzehn, doch er rauchte schon.

Oma und Opa sind später in eine Russenvilla am Strand gezogen, allerdings in eine Kellerwohnung, in der früher das Dienstpersonal .gewohnt hat. Auch wir, Inge Horst und ich, haben dort schließlich gewohnt, zusammen mit anderen Untermietern, die öfter frech über unsere Betten liefen – Mäuse.

In der Villa hat Horst ein Grammophon gefunden, auch Schallplatten. Eine mit Operettenmusik. „Schenkt man sich Rosen in Tirol" hat er uns vorgespielt. Es war noch schönes Sommerwetter und hinterm Haus stand ein Strandkorb. Ich konnte nicht widerstehen und habe mich in den Korb gesetzt. Mit geschlossenen Augen genoss ich die Sonne. Als ich die Augen wieder aufschlug, standen junge Russen vor mir. Sie staunten und sprachen wohl über mich, doch sonst haben sie mich in Ruhe gelassen.

Vom Strand zwischen Ahlbeck und Swinemünde bis zum Oderhaff zwischen Kamminke und unserer alten Kreisstadt verlief jetzt quer über die Insel durch den Wald die neue Landesgrenze. An Korswandt reichte sie wegen des Swinemünder Wasserwerkes besonders nahe heran. Ein paar hundert Meter hinterm Wolgastsee war man schon in Polen.

Ich wohnte immer noch in Swinemünde und wollte meine Mutter und die Geschwister besuchen. Doch ich sollte nicht alleine über die bewachte Grenze gehen. Auf dem Weg ins Nachbardorf wohnte am Stadtrand Frau Fischer, die aus Korswandt stammte. Sie suchte ich auf und machte mich mit ihr auf den Weg.

Kurz vor der Grenze gingen wir in eine Kiefernschonung hinein. Hinter der Schonung verlief der Grenzweg. Frau Fischer meinte, ich solle mal vorschleichen und nachsehen, ob da jemand sei. Ich sah zwei Grenzer am Wegrand sitzen und schlich zurück. Wir gingen vorsichtig mit unseren Taschen weiter, es hat aber wohl irgendwas geraschelt. Plötzlich wurde geschossen. Ich war zu Tode erschrocken und fing an zu weinen. Meine Zöpfe waren aufgegangen. Dann kamen zwei junge Männer in Uniform. Sie hatten vielleicht Mitleid mit mir und sagten, wenn ich aufhöre zu weinen, dürften wir weitergehen. Wir waren sehr erleichtert und sind wohlbehalten in Korswandt angekommen.

Später bin ich ohne Grenzprobleme nach Swinemünde zurückgekehrt.

Bald zog es mich wieder nach Korswandt. Diesmal traf ich Frau Fischer nicht an, also ging ich alleine weiter. In die Schonung bin ich nicht wieder reingelaufen, sondern immer auf dem Waldweg nach Korswandt geblieben. Vor dem Grenzweg kamen mir vier Männer und eine Frau in Uniform entgegen, die fragten mich, wohin ich wolle. „Zu meiner Mutter", antwortete ich. Darauf berieten sie sich. Die Frau bedeutete mir dann, ich solle mich auf einen Baumstumpf setzen und warten. Danach entfernte sich der kleine Trupp. Eine Weile saß ich auf dem Stubben und dachte: „Ich bin doch nicht blöd und bleibe hier sitzen!" Also stand ich auf und machte mich wieder auf den Weg. Vielleicht haben die Grenzer mich beobachtet, aber es hat sich keiner mehr sehen lassen. Mutti habe ich von dem Grenzabenteuer nichts erzählt.

Ich bin danach nicht mehr nach Swinemünde – jetzt Świnoujście – gegangen und wohnte nun auch im Idyll. Der Hotelbetrieb war wegen der Einquartierung weitgehend eingestellt. Die Gaststätte bewirtschaftete eine Frau mit ihren beiden Töchtern. Die jüngere Tochter war sehr hochnäsig, sie bezeichnete uns als Pöbel.

Unsere Räume, auch eine kleine Küche mit Kohleherd, lagen in den oberen Geschossen. Ich schlief in einem winzigen Zimmer, entdeckte aber nach kurzer Zeit hinter der Tapete kleine Tiere, die ich nicht kannte. Wie sich herausstellte, waren es Wanzen. „Wieder was gelernt", dachte ich und bin mit meinem Bett umgezogen.

Wir wurden von den Wirtsleuten schikanös behandelt. Das Wasser war abgestellt. Unten im Hof stand eine Pumpe. Von dort habe ich manchen vollen Wassereimer drei Treppen hoch geschleppt. Zur Toilette mussten wir auf ein Plumpsklo gehen, unten am Wolgastsee. Das war im kalten Winter immer ein Akt mit Zittern und Zähneklappern.

Dazu kam der tägliche Kampf ums Essen. Papa schickte aus britischer Gefangenschaft bei Celle Zigaretten und Luxusseife. Die Zigaretten tauschte Mutti gegen Kartoffeln ein, für die Seife bekamen wir hier und da etwas Milch. Einmal hat Mama mich mit einem Stück Luxusseife zu Tante Raetz geschickt, um Milch einzutauschen. Da sagte meine Großtante: „Na, die Seife wird wohl auch immer kleiner." Darüber habe ich mich sehr geärgert.

Die Not war groß, alles war knapp und manches gab es gar nicht. Am meisten litten wir jedoch darunter, dass wir tagein, tagaus nicht genug zu essen hatten.

Nachdem die Kartoffelfelder abgeerntet waren, bevölkerten Stöpsler die Äcker. Mutti zog mit uns auch los. Das Stöpseln war mühsam, weil man nur hin und wieder eine Kartoffel fand. Wir waren trotzdem guter Dinge, ganz besonders Horst. Er sagte: „Ich suche eine Goliathkatoffel." Und in der Tat fand er ein paar schöne große Erdäpfel. Doch unsere Ernte war bescheiden, jeder bekam sechs Pellkartoffeln, das war alles an dem Tag.

Ein andres Mal fanden wir ein Feld, auf dem ein großer Haufen Kartoffeln lag. Da haben wir uns aber gefreut und schnell unseren Ziehwagen beladen. Doch als wir von weitem den Bauern toben hörten, sind wir schleunigst weitergezogen.

Mutti und andere Frauen waren auch mit der Bahn unterwegs. Irgendwo vor Wolgast hat Mama bei Bauern ein paar Kartoffeln eingetauscht und sie mit dem kleinen Ziehwagen nach Hause gebracht. Aber das war gefährlich, auf den Bahnhöfen wurden die Reisenden von Polizisten kontrolliert. Manchen Leuten haben sie die Kartoffeln weggenommen. Doch bei uns gab es, wie schon oft, Kartoffelpuffer.

Aus Dresden kam eine betrübliche Nachricht: Oma Minna ginge es nicht gut. Meine Mutter hat sich gleich in den Zug gesetzt. Dank Papas Zigaretten aus der Gefangenschaft war es ihr möglich, die Fahrt zu bestreiten; der Schwarzmarkt blühte. Ich musste jetzt Mama spielen, an die jüngeren Geschwister das Brot verteilen und für Ordnung sorgen.

Wir hatten unten am See auch einen kleinen Schuppen zugewiesen bekommen: unser Brennholzlager. Dort standen ein Sägebock und ein Hauklotz. An beiden habe ich meine Kräfte gemessen und fleißig gerackert, während ein paar Jungs aus dem Dorf zuschauten. Am leichtesten war es, zum Schluss im Schuppen das Kleinholz zu stapeln.

Als Mutti wieder nach Hause kam, freute sie sie sich darüber, dass ich alles so gut erledigt hatte; dafür bekam ich einen goldenen Ring meiner Großmutter. Mama war sehr lange unterwegs gewesen, sie hat ihre Mutter nicht mehr lebend angetroffen.

Inge und Horst wohnten noch eine Zeit lang bei Oma und Opa in Swinemünde, schauten aber öfter bei uns vorbei. Als Opa mal wieder nach Korswandt ging, sah er im Wald viele Leute Blaubeeren pflücken. Das sollten seine Enkel doch auch können, meinte er. Horst war gleich Feuer und Flamme, er hat uns alle begeistert. Wir sollten einen Wassereimer voll Heidelbeeren pflücken. Und das haben wir tatsächlich geschafft. Danach hat uns Mutti wunderschöne große Hefeklöße mit Blaubeeren serviert.

Im Sommer fand ich es am Wolgastsee besonders schön, hier habe ich erst richtig schwimmen gelernt. An der Badestelle tummelten sich jeden Tag die Kinder. Ich hatte schon viele Mädchen aus dem Dorf kennengelernt. Jedes Mal, wenn mich ein Mädel fragte: „Kommst du mit ins Wasser?", bin ich mitgegangen. An einem Tag sogar achtmal. Aber als ich später die Treppe hochgestiegen war und die Küchentür öffnete, bin ich ohnmächtig geworden. Kam das vom häufigen Baden? Vielleicht.

Doch da war noch was anderes: das Mädchen entwickelte sich langsam zur Frau. Mutti und Inge hatten das schon bemerkt und versuchten mich aufzuklären. Inge hat mir richtig Angst gemacht, als sie sagte: „Helga, jetzt kannst du ein Kind kriegen!" Aber ich war eine Träumerin, habe keine Fragen gestellt und wollte davon nichts wissen.

Horst hatte wieder einen seiner tollen Einfälle. Aus unserer Swinemünder Wohnung hat er nachts in einem Schlauchboot Polstermöbel über die Ostsee nach Ahlbeck gebracht. Er ist auch öfter schwarz über die Grenze nach Swinemünde gegangen. Dabei war es ihm aber nicht ganz geheuer, zumal er schon Knasterfahrung hatte. Darum gingen Ulla und ich zur Badestelle, wenn er unterwegs war, und riefen laut: „Halali!", worauf er von der anderen Seite das Sees antwortete.

Ruth war auch noch in Swinemünde. Sie hat die beiden Kinder einer russischen Offiziersfamilie betreut und dabei ganz ordentlich russisch gelernt. Später ist sie ebenfalls zu uns nach Korswandt gezogen.

Auf einmal gab es ein großes Hallo: Papa war wieder da. Ich konnte mich vor Freude kaum fassen. Wir hatten Tante Hertha besucht. Als wir wieder gingen, habe ich mich bei ihm eingehängt. Ich war sehr stolz auf meinen Vater.

Er hatte aus der Gefangenschaft das französische Kartenspiel Patience mitgebracht und es uns beigebracht. Aber ich konnte nicht verlieren, hab die Karten zusammengeschoben und war vergnatzt.

Am Jahresende 1946 wohnten wir noch im Idyll. Unten im großen Saal lief der Silvesterball. Familie Diebitz war auch dabei. Nach einer Weile schickte Papa mich hoch, ich sollte aus der Küche eine schon geöffnete Flasche Pfefferminzlikör holen. Die Flasche in der Hand, stieg ich langsam die drei Treppen hinab. Mit jedem Schritt wurde die Versuchung größer, von dem Likör zu kosten. Schließlich nahm ich einen Schluck – es blieb nicht bei dem einen. Als ich meinem Vater die Flasche gab, sah er sie an und sagte: „Da war doch viel mehr drin!"

Bald spürte ich die Wirkung des Alkohols. Ich hatte ein schlechtes Gewissen und mir kullerten die Tränen übers Gesicht. Papa hat das bemerkt und verkündete: „Nun kuckt euch die Helga an! Nascht heimlich aus der Flasche!"

Ein kalter Winter hatte sich eingestellt. Der Wolgastsee war schnell zugefroren. Jetzt traf sich die Dorfjugend beim Eislaufen auf dem See. Ich musste meine Eisgleiter an Halbschuhe schrauben, weil ich keine hohen Schuhe besaß. Das war zwar ein wackliges Schlittschuhlaufen, doch Spaß gemacht hat es trotzdem.

Unter den Eisläufern war auch ein großer schlanker Junge mit schwarzen Haaren, den die meisten Mädchen ganz toll fanden. Obwohl ich mit Jungs noch nicht viel im Sinn hatte, habe ich mich mit ihm abends am See verabredet. Bei Mondschein auf dem Wolgastsee Schlittschuh laufen, fand ich einfach wunderbar. In meinem Kleid aus dickem Wollstoff mit weit geschnittenem Rock kam ich mir wie eine Eisprinzessin vor. Die Schlittschuhe hatten hinten und vorne ein Paar verstellbare Klemmwinkel. Die wurden mit einem Schlüssel an der Schuhsohle festgeschraubt. Wenn wir uns trafen, hat das aber mein Kavalier gemacht.

Im nächsten Sommer bin ich mit dem hübschen jungen Mann auch am See spazieren gegangen und wir haben uns sogar geküsst – aber ein Paar sind wir nicht geworden.

Unser Vater hat sich, sobald er wieder zu Hause war, den Kopf darüber zerbrochen, wie er die armselige Lebenslage seiner Familie verbessern könnte. An guten Ideen mangelte es ihm nicht, eine davon setzte er gleich in die Tat um.

Auf dem Flugplatz in Garz lagen noch viele leere Treibstofftanks aus Aluminium. Die Tanks zerlegte Papa, stellte aus dem Alu-Blech Wannen, Schüsseln und Wassereimer her, die er bei den Bauern gegen Butter, Eier, Hühner und andere Lebensmittel eintauschte.

Ich ging nicht gerne zu anderen Leuten, darum schickte mich mein Vater jetzt überall hin: etwa zu Fuß nach Garz oder mit dem Fahrrad nach Kachlin. Alles, was Papa mir auftrug, habe ich akkurat erledigt.

Zu der Zeit war Ideenreichtum gefragt. Strickwolle gab es nicht, aber einen Mehlsack mit einem hellen Faden im Gewebe. Diesen Faden habe ich aus dem Sack herausgezogen, mit der „Sackwolle" meinen ersten Pullover gestrickt und mein Monogramm aufgestickt. Einfälle muss man haben, vor allem dann, wenn die Not am größten ist.

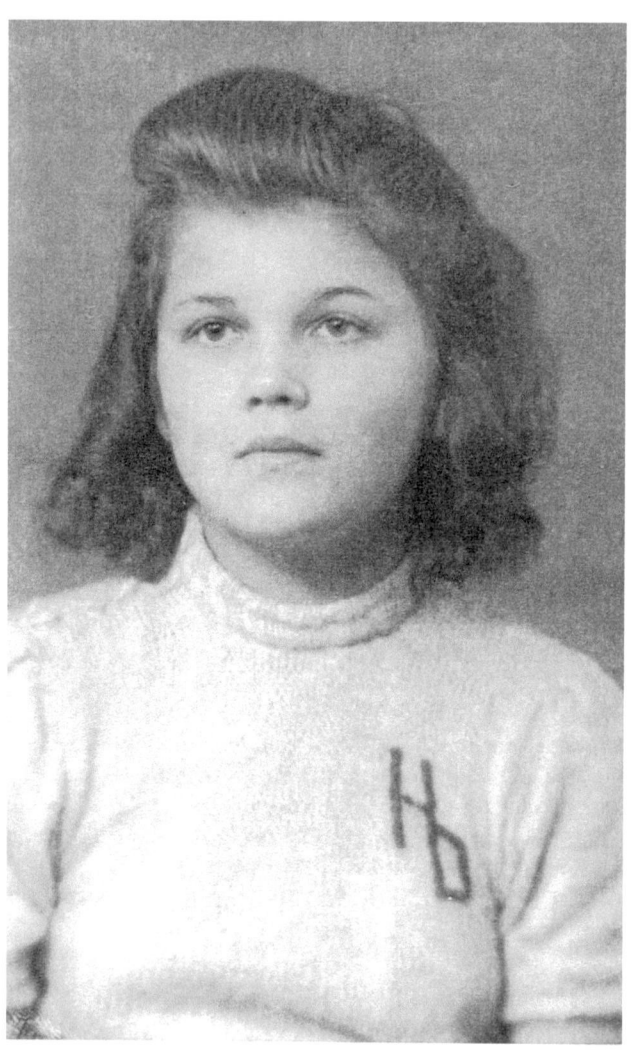

Helga Liesel Diebitz im selbstgestrickten „Mehlsack-Pullover", sechzehn Jahre alt

Wir haben uns auch Gössel angeschafft, die ich am See hüten musste. Ich mochte schon immer Tiere und mag sie heute noch. Wenn sich die kleinen Gänslein an dem grünen Gras satt gefressen hatten, kamen sie alle angewackelt und ließen sich bei mir nieder, weil keine Gänsemama da war. Das ging mir richtig ans Herz. Jetzt kam auch mein zweiter Vorname ins Spiel. Es dauerte nicht lange und die jüngeren Geschwister nannten mich Gänse-Liesel.

Als später meine Gössel große Gänse geworden waren, erhielt ich den Auftrag, sie zu nudeln. Dafür wurde ein Teig aus Kartoffeln und Getreide angerührt und daraus zwei Zentimeter dicke Rollen geformt. Die musste ich den Tieren in den Hals stopfen, bis der Kropf voll war.

Im Sommer kamen ab und an Badegäste von Ahlbeck herüber. Die gingen am See spazieren und anschließend ins Idyll Kaffee trinken. Auf dem Kuchenbuffet stand ein Plattenspieler, der zur Kaffeezeit die neusten Schlager in den Saal schmetterte.

Hier traf sich öfter der Nachwuchs und lernte etwas abseits in einer Ecke tanzen. Helga Schlößer, die schon gut tanzen konnte, hat mir die ersten Schritte beigebracht. Da habe ich meine Begeisterung für das Tanzen entdeckt; es macht mir heute noch großen Spaß. Von Mutti weiß ich, dass mein Vater ein sehr guter Tänzer war und in seiner Jugend einige Schuhsohlen durchgetanzt hat.

Wir haben uns auch auf der Straße getroffen und lauthals die beliebten „Capri-Fischer" gesungen. Horst mochte vor allem Glenn Millers „In the Mood". Wenn der Swingtitel im Radio gespielt wurde, drehte er die Lautstärke voll auf und war total aus dem Häuschen.

An den Wochenenden spielte im Idyll häufig eine Kapelle zum Tanz auf. Dann bevölkerte die Jugend aus Korswandt und Umgegend den großen Saal.

Ich wäre auch gerne mal mit den anderen Mädchen tanzen gegangen, aber mir fehlte das nötige Geld. Opa Otto besuchte uns gelegentlich und einmal habe ich ihn um ein paar Mark gebeten. Er hat mir auch Geld gegeben und als er was von tanzen gehen hörte, nahm er mich in den Arm und wirbelte mit mir durch unsere kleine Küche. Zu Opas Zeit war Polka modern. Wie die getanzt wird, habe ich erst viel später erfahren.

Zur Pilzzeit nahm unser Vater uns mit in den Wald, den er kannte wie seine Westentasche. Er lief kreuz und quer umher, wusste aber immer, wo er war. Nebenbei hat er uns erklärt, wie man im Wald die Himmelsrichtung feststellen kann.

Papa kannte viele Pilze: Maronen, Pfifferlinge, Steinpilze, Ziegenlippen, Butterpilze und sicherlich noch andere; er fand auch viele. Einmal blieb er an einer Stelle stehen und fragte mich: „Siehst du die Pilze nicht?" Ich sah genau hin, tatsächlich, da standen kleine Steinpilze. Die waren zwischen dem Laub am Boden kaum zu erkennen. Ich hätte sie glatt übersehen. Zum Pilzesuchen braucht man ein geübtes Auge. Wir brachten mehr Pilze nach Hause, als wir essen konnten. Aber mein Vater war auch Geschäftsmann: den Rest hat er verkauft.

Als Elektromeister hatte Papa alle Hände voll zu tun. Bei seiner Arbeit kam er viel herum und erfuhr so, wo die Leute der Schuh drückte.

Ein junger Bauer in Garz brauchte Hilfe bei der Roggenernte. Die meisten Bauern hatten kaum Landmaschinen, das Korn wurde mit der Sense gemäht. Unser Vater wollte dem Landwirt helfen und schickte Ruth und mich nach Garz. Wir sollten die gemähten Halme zu Garben binden, hatten davon aber keine Ahnung. Wie das gemacht wird, hat man uns gezeigt und wir haben es schnell gelernt.

Es gab gutes Essen und auch der Bauer war gut genährt. Jedes Mal, wenn er aufs Feld kam, sagte Ruth: „Kuck mal, jetzt kommt er schon wieder aus der Speisekammer." Darüber haben wir beide herzlich gelacht.

Eigentlich hätten mich meine Eltern zur Schule schicken müssen, mir fehlte kriegsbedingt der Schulabschluss und in Korswandt wurde sogar Englisch unterrichtet. Aber Mama und Papa hatten wohl andere Sorgen und ich habe mich auch nicht darum gerissen, noch mal die Schulbank zu drücken. Also wurde ich zu Gamradts geschickt, um Tante Selma bei der Arbeit zu helfen.

Zu der Zeit wurde, weil Zucker knapp war, allenthalben aus Zuckerrüben Sirup hergestellt; den schmierte man aufs Brot. So auch bei Gamradts. In einem Waschkessel kochte Tante Selma Rübenschnitzel. Damit nichts anbrannte, wurde ständig umgerührt, dabei half ich ihr.

Als es mal sehr heftig kochte, kam sie angerannt und rief: „Dat kokt vor störten!" Was das auf hochdeutsch heißt, weiß ich nicht genau. Zu Hause habe ich davon erzählt, und mein Vater hat sich über Tante Selmas Plattdeutsch köstlich amüsiert.

Ab und an fand im Idyll auch ein Maskenball statt. Das war immer ein Fest für Alt und Jung. Nach dem schrecklichen Krieg wollten die Menschen sich wieder vergnügen.

Einige Masken waren sehr ulkig, so kam gleich die richtige Stimmung auf im Saal. Ein junger Mann lag als Baby im Kinderwagen und ein anderer hat ihn geschoben. Die Leute haben sich gebogen vor Lachen.

Ruth ging als Hexe. Von der alten Tante Mund hatte sie sich einen langen schwarzen Rock geborgt, auf den Rücken einen Buckel gebunden und eine rote Perücke aufgesetzt. Die Maske vorm Gesicht war, wie bei allen anderen auch, selbst verfertigt.

Dann begann das große Raten, wer könnte das sein und wer das … An Ruth hat keiner gedacht bei der Hexe. Um Mitternacht stieg die Demaskierung. Alle mussten nacheinander auf einen Tisch steigen und ihr Gesicht zeigen. Da gab es viel Beifall.

Ich habe mich gerne verkleidet. Einmal hatte ich einen kurzen schwarzen Faltenrock an und dazu schwarze lange

Stiefel, die Gerda Raetz gehörten. Das fand ich ganz schick. Horst hatte auch einen hübschen Einfall, er stanzte aus Alu-Blech Herzen und Sterne. Die wurden auf eine Weste genäht und mit der ein Cowboykostüm zusammengestellt.

Unser Vater war sehr darum bemüht, uns eine bessere Wohnung zu beschaffen. Das frühere Landjahrlager, nicht weit vom Idyll an der Chaussee gelegen, war nur teilweise von Heimatvertriebenen bewohnt. Es bestand aus einem mehrstöckigen Hotelbau mit Saal, einem geräumigen Nebengebäude und einer hölzernen Scheune mit Schweinestall. Hinter den Häusern befand sich ein schöner Garten mit Obstbäumen und Johannisbeersträuchern.

Das alles gehörte Frau Grünberg aus Swinemünde, Gattin von Opa Ottos ehemaligem Chef. Opa war in Grünbergs Firma als Zimmermann tätig gewesen.

Papa hat von Frau Grünberg das gesamte Grundstück gepachtet. Wir zogen in das Nebengebäude. Der Duschraum wurde unser Wohnzimmer, die Wände waren weiß gefliest, mal was anderes. In zwei kleinen Räume nebenan stellten wir unsere Betten auf und in dem großen Saal richtete mein Vater sich seine Elektrowerkstatt ein.

Ein dunkelbrauner Schreibtisch für den Firmenchef stand schon da und auch ein kleiner transportabler Ofen. Aber es gab keine Kohlen. Also auf in den Wald Äste sammeln. Inges Freund, Kurt Scholz aus Ahlbeck, der sehr fleißig war, hat uns geholfen. Mir hat das Holz holen sogar Spaß gemacht.

Neben der Scheune stand ein kleines Gebäude mit zwei Räumen. In einem Raum befand sich eine Waschküche, mit großem Kessel, fließend Wasser und einem Fußbodeneinlauf fürs Abwasser. Jetzt fiel uns das Waschen viel leichter. In dem Kessel wurde die weiße Wäsche abgekocht und war dann schon so gut wie sauber.

Der andere Raum wurde als Werkstatt eingerichtet. Eine stabile Werkbank stand am Fenster, an der mein zehnjähriger Bruder Hansi begeistert herumgewerkelt hat.

Das spätere Landjahrlager Anfang der 1930er Jahre, hier noch mit den Fahnen des nationalsozialistischen Reichsarbeitsdienstes, links das eingeschossige Nebengebäude

Mein Vater hatte es anfangs nicht leicht mit seinem Betrieb. Material musste er aus Stralsund holen. Damit er auch was bekam, hat er oft Räucheraal mitgenommen.

Es gab auch andere Probleme. Privatbetriebe waren bei der neuen Obrigkeit nicht gut angesehen. Meine Schwester Ulla kam mal weinend aus der Schule nach Hause. Vom Unterricht beeinflusst hatten einige Kinder uns als Kapitalisten beschimpft.

Aber mit der Zeit ging es doch voran und Papa hat viele Lehrlinge ausgebildet. Auch seine beiden Söhne sind Elektriker geworden. Hansi ist bei seinem Vater in die Lehre gegangen.

Gerhard Bischoff, der neue Lehrer, hat mit zumeist jungen Leuten einen Schwank, eingeübt. Die Proben fanden in der Schule statt. Ich sollte ein Dienstmädchen spielen, das aber nur zwei Sätze zu sagen hatte. Manfred, ein lustiger Junge, den ich schon vom Baden kannte, spielte auch mit; so war ich nicht abgeneigt, dabei zu sein.

Die Aufführung fand im Idyll statt. Im Saal war eine kleine Bühne aufgebaut worden. Evalotte Sachse spielte die Hausherrin. Bevor es losging, sagte sie hinter der Bühne zu mir, ich müsste mir noch die Lippen anmalen. Wir waren sehr aufgeregt und hatten Lampenfieber, doch es hat alles gut geklappt.

Am Ende gab es noch einen besonderen Clou. Evalottes Vater, der aus Sachsen stammende fleißige Korswandter Bäckermeister Artur Sachse, ein ausgemachter Spaßvogel, hatte zur Faschingszeit aus Brötchenteig Phallussemmeln gebacken. Die zeigten wir zum Schluss dem Publikum, das lauthals Beifall spendete.

In unserer neuen Behausung kamen wir gut zurecht. Wir hatten jetzt Hühner, auch wieder Gänse und ein Schwein. Das hieß Max und durfte manchmal draußen rumlaufen. Max wurde schnell zutraulich und bekam an der offenen Küchentür ab und an ein Stück Brot

Chef auf unserem Hühnerhof war ein hübscher, bunter Hahn. Mit dem trieb Horst seine Späße. Er hatte einen Tirolerhut, damit ärgerte er den Gockel. Wenn er mit dem Hut ankam, wurde das Federtier wütend und flog ihm auf den Kopf.

Den lustigen Manfred hatte ich im Sommer beim Baden kennengelernt. Wenn er nicht im Wasser war, machte er meistens Handstand und versuchte auf Händen zu laufen. Wie sein Vater trieb er Sport. Ich mochte ihn. Wenn wir uns hier und da manchmal trafen, haben wir uns freudig begrüßt und öfter auch geneckt.

Später, als wir schon im Landjahrlager wohnten, ist er mal zu uns auf den Hof gekommen. Damals hörten wir oft Schlager im Radio. Wenn Ilse Werner „Die Männer sind schon die Liebe wert" sang, war ich immer ganz Ohr. Diesen Schlager habe ich Manfred vorgesungen. Er schien anfangs etwas verwundert zu sein, fand dann aber meinen Gesang wohl ganz gut und klatschte Beifall.

Als Max sich ordentlich Speck angefuttert hatte, stand uns ein Schlachtfest ins Haus.

Da gab es dann fettes Wellfleisch und aus Blut und Mehl wurde Tollatsch gekocht, eine pommersche Delikatesse, wie auch süße Blutwurst, Tollatsch im Darm. In Tante Herthas Räucherkammer hängten wir einen Schinken in den Rauch. Der lag lange im Küchenschrank und jeder konnte sich eine Scheibe abschneiden. Das geräucherte Hinterteil von unserm Max schmeckte einmalig gut, ich habe nie wieder einen so köstlichen Schinken gegessen.

Vor dreißig Jahren war meine Mutter mit ihrer Schwester Liesel von Dresden nach Swinemünde gezogen, um dort in einem Hotel zu arbeiten. Jetzt zog ich mit meiner Schwester Ruth von Korswandt nach Ahlbeck, um dort das Gleiche zu tun. Unsere Eltern hatten nichts dagegen, saßen doch künftig zwei Esser weniger am Tisch.

In Ahlbeck gab es viele schöne Hotels. Wir arbeiteten in einem kleineren Haus als Serviererinnen. Außerdem mussten wir das Geschirr abwaschen. Zusammen mit einem Mädchen aus Balm, das in der Küche half, schliefen wir in einem Zimmer im Keller.

Die Chefin, eine kleine dicke Frau, kochte selbst. Als sie auf dem Markt mal Flundern gekauft hatte, zeigte sie uns, wie die zubereitet werden. Zuerst wird von der Oberseite die raue Haut abgezogen und dann werden die Filets geschnitten und gebraten.

Wenn wir das Essen servierten, wurde unsere Chefin immer hektisch. „Sauciere raus!", rief sie. Die Soßenschüsseln standen unten in einem alten Küchenschrank. Mit ihrer Hektik hatte sie mich angesteckt. Ich nahm eine Schüssel heraus und drei andere kullerten gleich hinterher auf den gefliesten Fußboden: Polterabend! Die Frau tobte: „Das bezahlst du mir!"

Unsere Kollegin wollte auch mal an einem Sonntag frei haben. Das verweigerte ihr die Chefin mit den Worten: „Du hast wohl vergessen, wo du hergekommen bist!"

Sie war etwas korpulent und hat sich von einer Hausiererin ein Mieder mit Rückenschnürung gekauft. Wir halfen ihr immer beim Schnüren und hatten dabei viel Spaß.

In diesem Sommer haben Inge und Horst geheiratet. Doppelhochzeit am 10. Juli 1950, die frisch vermählten Paare:

Inge und Kurt Scholz   Erika und Horst Diebitz

Die schmunzelnde Doppelhochzeitsgesellschaft nach einer witzigen Bemerkung eines Hochzeitsgastes beim Fotografieren

Auch um die Zeit, das Foto mit allen Diebitz-Geschwistern:

Von links, hinten stehend: Ulla, Horst, Helga, Hansi und Lilo; vorne sitzend: Inge und Ruth

Damals habe ich mir vom ersten Selbstverdienten einen Bikini gekauft und war damit ab und an mal in Ahlbeck am Strand.

Helga in ihrem ersten Bikini am Strand in Ahlbeck. Badegäste haben sie fotografiert, dabei hat sich der junge Mann ins Bild geschmuggelt.

Nur selten waren Ruth und ich mal am Strand, wie die Badegäste, die wir Tag für Tag bedient haben.

Unsere Gäste kamen aus Penig in Sachsen. Viele arbeiteten in einem großen Getriebewerk. Es waren fröhliche, aufgeschlossene, überwiegend junge Menschen; ich bin mit ihnen gut zurechtgekommen.

Einmal trug ich mittags Suppe auf. An einem Tisch saß ein junger Mann mit nacktem Oberkörper. Als ich an ihm vorbeiging, wäre ich fast über ein Stuhlbein gestolpert. Bei meinem Strauchler ist etwas Suppe auf seinen Rücken geschwappt. Aber er hat sich nicht aufgeregt und meinte nur: „E Glück, dass ich ke Hemde anhatte." (Ein Glück, dass ich kein Hemd anhatte.)

Die meisten Urlauber in unserem Hotel waren mit dem Bus nach Ahlbeck gefahren, so auch ein Arzt-Ehepaar mit seinem etwa vierjährigen Sohn. Die Frau war schwanger und suchte eine Haushaltshilfe. Ich gefiel den Leuten und sie überredeten mich, zu ihnen nach Penig zu kommen

Da ich nichts gegen einen Tapetenwechsel hatte und auch sonst ganz unternehmungslustig war, bin ich im Oktober 1950 mit dem Bus nach Penig gefahren.

Doktor Drechsler und seine Familie wohnten in einem Haus mit Garten nahe dem Bahnhof. Ich zog in ein kleines Zimmer. Auch die Praxis des Arztes befand sich im Haus. Hier betreute der Arzt viele Arbeiter des großen Getriebewerkes, das in der Nähe lag.

Unter dem Balkon an der Rückseite das Hauses standen Ställe für eine Ziege und einige Kaninchen. Mir wurde aufgetragen, künftig die Geiß zu melken. Doch ich hatte noch nie ein Tier gemolken. Irgendwie ist es mir aber schließlich gelungen, die Milch aus dem Euter in den Eimer zu befördern. Die Ziege war allerdings bisher wohl anderes Melken gewöhnt, denn wenn ich an ihrem Euter zog, blickte sie sich um und sah mich mit großen Augen an. Nach und nach haben wir beide uns aber aneinander gewöhnt. Doch ihre Milch habe ich nie getrunken.

Hofseite des Hauses der Familie Drechsler, auf dem Balkon von links: der Arzt, sein Sohn Wolfgang, genannt Wölfchen und Helga

Der Hausherr aß morgens gerne Milchsuppe, die musste ich kochen. Einmal habe ich Grießsuppe gekocht und, weil ich die richtige Menge nicht kannte, zu viel Grieß in die Milch geschüttet. Beim Essen sagte der Doktor: „Heute hat Helga uns Grießbrei gekocht."

Es ging auf Weihnachten zu. Kurz vor der Entbindung seiner Frau, die er in der eigenen Praxis betreute, schickte der werdende Vater mich mit Wölfchen in die Kirche.
   Als wir wieder nach Hause kamen, war Matthias auf die Welt gekommen. Matzi, wie ihn bald alle nannten, ist später wie sein Vater Arzt geworden und heute noch sehr beliebt bei den Leuten dort.

Ich gehörte bald zur Familie. Bei Drechslers Ausflügen mit dem Auto, war ich immer dabei. Wir haben uns Leipzig angesehen, auch das Völkerschlachtdenkmal, waren im Wörlitzer Park und an der Talsperre Kriepstein.

Wölfchen und Helga im (nur umgesteckten) neuen Kleid

Zu Weihnachten wird in Sachsen der beste Stollen gebacken. In der Adventszeit hatte Frau Drechsler eine Schüssel
mit Fett, Margarine und Butter, dazu Rosinen, Zitronat,
Mandeln, Milch und Zucker. Diese, zu der Zeit noch knap-

pen, Zutaten wurden zum Bäcker gebracht, der daraus die schönsten Stollen gebacken hat. Bis Weihnachten lag das köstliche Gebäck dann im Schlafzimmer auf dem Kleiderschrank, weil es dort nicht so warm war.

Das Jahr über hatte ich schon Geschenke gesammelt und jetzt damit zu tun, ein großes Paket zu packen. Für Ulla war eine dunkelhäutige Babypuppe aus Leipzig dabei. Alle meine Geschwister und auch Mama und Papa bekamen von mir ein Weihnachtsgeschenk.

In Penig gab es ein Schwimmbad mit einer Liegewiese. In dem Bad habe ich öfter gebadet und mich auf der Wiese gesonnt.

Manchmal traf ich Leute, die ich aus dem Ahlbecker Ferienhotel kannte. Sie haben lustige Lieder gesungen und mir das Lied vom Vogelbeerbaum beigebracht.

Mehrere junge Männer versuchten mit mir anzubändeln. Einer prahlte mit seinen Englischkenntnissen, ein anderer wollte mit mir Kegeln gehen. Aber keiner konnte so richtig bei mir landen; ich war noch nicht so weit.

Matzi und Helga (gut genährt)

Aber tanzen bin ich oft gegangen. In der Stadt gab es einen schönen großen Tanzsaal. Tanzen war meine Welt.

Bei Drechslers wurde sehr gut gegessen, ich hatte ordentlich zugenommen. Das Foto mit Matzi auf dem Arm habe ich nach Hause geschickt. Papa soll, als er das Bild sah, gesagt haben: „Helga wachsen die Augen zu."

Durch Penig fließt die Zwickauer Mulde, die war im Winter zugefroren. Als ich das Eis sah, habe ich Frau Drechsler erzählt, dass ich auf dem Wolgastsee in Korswandt Schlittschuh gelaufen bin. Darauf erfuhr ich von ihr, dass sie eine gute Eiskunstläuferin gewesen war und an den sächsischen Landesmeisterschaften teilgenommen hatte. Ihre Eislaufstiefel, bei denen die Gleitkufen mit den Schuhen fest verbunden waren, hatte sie noch und bot sie mir zum Kauf an. Da konnte ich nicht nein sagen.

Die Eisgleiter habe ich auch gleich auf einem kleinen See in der Nähe ausprobiert. Doch nach zwei Schritten lag ich auf dem Allerwertesten. Na ja, ich war schon etwas aus der Übung. Mich hat aber niemand ausgelacht. Später bin ich sogar auf der Mulde gelaufen.

Drechslers hatten auch gute Bekannte im nahen Thüringen. Dort, bei einem Bauern, war die Familie einmal zum Essen eingeladen. Natürlich nahmen sie mich wieder mit und der Doktor freute sich offensichtlich darüber, mir so eine urige thüringische Bauernstube zeigen zu können. Als wir uns alle an den massiven Holztisch gesetzt hatten, wurden zwei große Schüsseln mit verschieden Kartoffelklößen aufgetragen und dazu gab es einen deftigen Gänsebraten. Wir haben tüchtig reingehauen.

In einem Gesprächs kam die Rede auf Dresden und ich erwähnte, dass dort eine Tante von mir wohne. Da meinte Frau Drechsler, die könnte ich doch mal besuchen, vielleicht demnächst zu Ostern. Die Bahnverbindung hat sie mir gleich rausgesucht. Also habe ich mich auf den Weg gemacht. Mit der Reise hat alles bestens geklappt.

In Dresden bin ich von meiner Patentante Liesel und den Kusinen Brunhilde, Elga und Karin gut aufgenommen worden. Tante Liesel, alleinstehend, hatte es nicht leicht mit ihren drei Mädchen. Sie handelte mit Unterwäsche, die sie aus Berlin holte und in Dresden weiterverkaufte. Damals trugen die Frauen noch Unterröcke. Ich habe ihr einen Unterrock abgekauft.

Nach einem alten Brauch sollte ein Mädel schön werden, wenn es sich zu Ostern mit Wasser aus einem Fluss wusch. Elga und Karin hatten für Brunhilde Osterwasser geholt, die hat sich mit dem Wasser das Gesicht gewaschen. Dann fingen die beiden Jüngeren an zu kichern und erklärten ihrer verdutzten Schwester, dass sie das Wasser eine Treppe tiefer vom Wasserhahn über dem Ausguss geholt hatten.

Später sind Brunhilde und ich mit der Straßenbahn eine ganze Weile durch die Stadt gefahren. Den Anblick werde ich nie vergessen: Trümmer. – Weit und breit nichts als Trümmer. Ich war zutiefst erschüttert.

Brunhilde, ein Jahr jünger als ich, hatte einen Freund. Ostern gingen die beiden tanzen und nahmen mich mit. Wir waren in einem großen Haus mit zwei Sälen. Im unteren Saal spielte ein Blasorchester, im oberen eine moderne Kapelle; da vergnügte sich die Jugend. Brunhilde tanzte mit ihrem Freund und ich langweilte mich unten im großen Saal.

Ich habe dann meine Kusine gesucht, weil ich nach Hause wollte. Aber darauf kam ein Bekannter Brunhildes zu mir. Mit dem habe ich mich sehr nett unterhalten. Als Ostern vorbei war, bin ich wieder mit der Bahn nach Penig gefahren.

Unten in Drechslers Haus befand sich eine Waschküche. Ab und an kam Frau Dietze und hat die große Wäsche der Arztfamilie gewaschen. In der Nähe gab es eine größere elektrische Schleuder. Mit einem Ziehwagen brachten Frau

Dietze und ich die nasse Wäsche dorthin und schleuderten sie. Danach war sie fast trocken.

Von links: Frau Dietze mit Matzi, Helga und Wölfchen

Ein großes Familienfest stand bevor: Matzis Taufe. Frau Drechsler war die Tochter eines Bäckermeisters in Döbeln. Sie hat immer alles organisiert.

Ihr Bruder kam zur Taufe und brachte die schönsten Kuchen mit, die wurden in der Waschküche aufbewahrt. Da konnte ich mich nicht beherrschen und bin dort schnell mal hingehuscht …

Beim Essen nach dem Taufakt habe ich dass Fleisch serviert, immer von rechts, wie man mir aufgetragen hatte.

Fast zwei Jahre in Penig dachte ich daran, nach Korswandt zurückzukehren. Ich hatte bei Frau Drechsler viel gelernt. Als die Eheleute mit dem Auto zum Einkaufen nach West-Berlin fuhren, nahmen sie mich mit.

Bei der Gelegenheit habe ich mir dort ein Paar schwarze Halbschuhe mit etwas Lackleder gekauft. Dann bin ich mit der Bahn nach Hause gefahren.

Die Taufgesellschaft an der Kaffeetafel, Helga, oben rechts, trägt auf

Horst und Erika hatten mit ihrer Tochter Hannelore 1951, als ich in Penig war, Korswandt verlassen. Zusammen mit einigen jungen Männern aus Kamminke waren sie mit einem Fischerboot auf der Ostsee Richtung Schweden getuckert und trotz eines Schraubenschadens wohlbehalten auf der dänischen Insel Bornholm gelandet.

Mein Bruder hat für sich und seine Familie in der DDR kein Fortkommen gesehen und sich in Rheinland-Pfalz angesiedelt. Dort war er zunächst beim Straßenbau beschäftigt und hat später die Elektromeisterprüfung abgelegt. Doch er ist drüben nicht so richtig auf die Beine gekommen.

Es war Sommer, am Himmel lachte die Sonne und ich lag wieder an meinem geliebten Wolgastsee. Nach einer Weile hatte Manfred mich entdeckt und setzte sich zu mir auf die Decke. Mir schien, er freute sich über unser Wiedersehen. Nachdem wir ein wenig geplaudert hatten, fragte er mich, ob ich mit ihm quer über den See schwimmen würde. Oh! So weit zu schwimmen, hätte ich mir eigentlich nicht zugetraut, aber mit ihm zusammen habe ich es gewagt. Wir waren dann lange im Wasser, bis wir endlich das andere Ufer erreicht hatten. Das letzte Stück bin ich mit lautem Geschrei geschwommen, denn überall wimmelte es nur so von Schlingpflanzen.

Manfred hat mich mal zu sich nach Hause mitgenommen. Seine Familie wohnte jetzt gegenüber vom Idyll. Das Haus hatte sein Vater gebaut.

Im Wohnzimmer setzten wir uns auf die Couch und er zeigte mir Griffe auf seiner Gitarre. Auch was ein Barrégriff ist, hat er mir erklärt. Wir vergaßen die Zeit.

Plötzlich ging die Tür auf und seine Mutter sagte: „Kinnings, es ist schon spät." Manfred hat mich brav nach Hause gebracht. Der Vollmond schien und ich war glücklich.

Ich wusste nicht so recht, wie es mit mir nun weitergehen sollte. Mir schwebte immer noch vor, im Büro zu arbeiten, obwohl das gar nichts für mich war. Inges Freundin Irmgard erteilte mir Unterricht in Stenografie. Dabei wäre Maschineschreiben wichtiger gewesen.

Doch dann erzählte Irmgard mir, dass ein Ahlbecker Kindererholungsheim Erzieherinnen suche. Dort habe ich mich beworben.

Mit Manfred traf ich mich jetzt öfter. Er studierte inzwischen an der ABF in Greifswald und verbrachte seine Sommerferien in Korswandt.

Einmal lud er mich zu einer Bootsfahrt ein. Als wir mitten auf dem See waren, bog er ab und wir gingen bei der Spitzen Ecke an Land. Manfred hatte sich wohl überlegt, dass er mich beim Rudern nicht gut umarmen konnte. Das tat er aber gleich, als wir am Ufer standen. Dann haben wir uns lange geküsst …

Das Boot hat Manfred an der Spitzen Ecke liegen lassen, vermutlich sehr zum Ärger von August Rossow, der den Wolgastsee bewirtschaftete und die Boote vermietete.

Später sind wir auch zusammen tanzen gegangen, meistens ins Idyll. Aber einmal haben wir auf der Ahlbecker Seebrücke getanzt. Dort verbrachten wir einen lauschigen Abend, der im Strandkorb endete.

Meine Bewerbung als Heimerzieherin hatte Erfolg. Das ansehnliche Erholungsheim mit einem Schwimmbad im Keller stand unmittelbar an der Strandpromenade.

Ich musste jetzt bei aller Kinderliebe lernen, mich in einer Gruppe quirliger Rangen durchzusetzen. Ein Dutzend Kinder auf einem Haufen – da können einem schon mal die Ohren weh tun. Also habe ich ziemlich laut gesprochen und wurde erst mal heiser.

Doch bald kamen wir ganz gut zurecht miteinander, die Kleinen und ich. Am Strand waren Kreisspiele beliebt, die auch mir, vielleicht selbst noch ein bisschen Kind, Freude machten.

Wir sind oft am Strand entlang gewandert, wenn nur die großen Kinder dabei waren, sogar bis Bansin. Hatten wir kein Strandwetter, war Vorlesen angesagt, das hat der Rasselbande auch gefallen. Ich habe gerne vorgelesen.

Die Zeit verging wie im Fluge. Meine Arbeit gefiel mir, vor allem die Beschäftigung mit den Kindern machte mir Spaß. Ende August 1953 versetzte mich der Rat des Kreises Wolgast nach Wiek auf Rügen.

Dort arbeitete ich in einem großen Kindererholungsheim mit zwölf Doppelhäusern. Je sechs Häuser standen sich, getrennt durch einen langen breiten Platz, gegenüber und waren an einer Seite durch ein Wirtschaftsgebäude mit großem Saal verbunden.

In dem Saal traten Chöre der einzelnen Häuser auf und ermittelten im Sängerwettstreit den besten Chor. Dabei habe ich viele Lieder kennengelernt.

Mädchen und Jungen kamen in verschiedene Gruppen und wohnten getrennt, unternahmen aber Wanderungen und Ausflüge gemeinsam. So etwa eine Bootsfahrt zur nahen

Insel Hiddensee. Dort haben wir das Wohnhaus des Schrift-
stellers Gerhard Hauptmann besichtigt

KEH Wiek 1953, zweite Reihe, Sechste von links: Helga

Jedes Haus hatte im Erdgeschoss einen Speiseraum und im
Obergeschoss links und rechts vom Flur für etwa zehn
Mädchen oder Jungen einen Kinderschlafraum mit angren-
zendem Erzieherzimmer, von dem die Kinderschlafräume
durch eine Luke einsehbar waren. So konnten die Kinder
immer gut betreut werden. Ich denke, sie haben sich in unserm Heim wohlgefühlt.

Wir hatten auch eine Krankenstation, die war aber nur
selten vonnöten. Einmal wurde ein Kind mit Magenproble-
men behandelt. Sonst waren alle immer wohlauf.

Das Essen kam jeden Tag frisch aus einer Großküche,
morgens, mittags und abends.

Bei gutem Wetter begann der Tag mit Frühsport und es
wurde viel gewandert. Wir waren mit mehreren Gruppen
am Kap Arkona. Das sind hin und zurück immerhin dreißig
Kilometer. Die wollen erst mal gelaufen sein.

In den Sommermonaten betreuten wir im Heim die Kinder und nahmen im Winter an Fortbildungskursen teil. Als

Erstes mussten alle Erzieher eine Prüfung in Deutsch und Mathematik ablegen.

Kindererholungsheim Wiek etwa 1954, Zweite von rechts in der mittleren Reihe: Helga, Leiterin eines Kinderhauses

Mit Manfred konnte ich mich jetzt nur hin und wieder treffen, aber wir schrieben uns Briefe. Letztens hatten wir uns in Korswandt getroffen. Es war ein schöner Tag. Wir saßen am Wolgastsee und plauderten über dies und das. Dann kam er aufs Heiraten zu sprechen: „Man müsste heiraten." Oder „Was hältst du vom Heiraten?" Ich musste lachen. Solche Gedanken waren mir noch nie gekommen. Wollte er mir am Ende einen Heiratsantrag machen?

Während ich in Wiek war, absolvierte Ruth in Greifswald eine Ausbildung zur Krankenschwester. Sie wohnte privat in einem möblierten Zimmer.

Wenn ich von Rügen nach Hause fuhr, habe ich meine Schwester manchmal in Greifswald besucht. Zu dritt sind wir auch mal tanzen gegangen, Ruth, ihre Freundin und ich. Mich hat ein paarmal ein junger Mann aufgefordert. Darauf zogen sich die beiden zurück, weil sie dachten, vielleicht könnte daraus mehr werden. Mein Tänzer hat mich zum Schluss brav bis zu Ruths Haustür gebracht und wir verabredeten, uns am nächsten Tag zu treffen.

Anderntags sind wir durch die Stadt geschlendert, der junge Mann (seinen Namen weiß ich nicht mehr) hat mich, wie tags zuvor, zu Ruths Wohnung begleitet und ist dann mit ins Haus gekommen. Doch er hat sich bald wieder verabschiedet. Ich war ihm wohl zu still.

Später hat mir meine Schwester erzählt, Manfred hätte mich mit dem Mann beim Stadtbummel beobachtet, wäre uns gefolgt und hätte gesehen, wie wir ins Haus gingen.

Am Tag darauf habe ich Manfred am Bahnhof getroffen. Wir sind zusammen mit anderen jungen Leuten nach Ahlbeck gefahren. Als wir während der Unterhaltung aufs Tanzen gehen zu sprechen kamen meinte er vielsagend: „Stille Wasser sind tief."

In Wiek habe ich Sieglinde Bauer aus Annaberg-Buchholz im Erzgebirge kennengelernt, sie war etwas jünger als ich. Wir arbeiteten beide im selben Kinderhaus und verstanden uns gut.

Im Erzgebirge werden die Holzdielen gescheuert. Das Bohnerwachs auf den Fußböden im Kinderheim hat Sieglinde gar nicht gefallen, da bekam sie erst mal einen Scheueranfall.

Eine Erzieherin hatte Geburtstag, der sollte begossen werden. Da keine Gläser aufzutreiben waren, ließen wir die Flasche kreisen. Jede von uns sollte immer einen daumenbreiten Schluck nehmen. Die Flasche ging ein paarmal reihum. Ich hielt mich bei jedem Schluck an die Abmachung. Doch bald sah ich alles doppelt.

Irgendwie war mir, als hätten die anderen mich reingelegt. Dafür wollte ich mich rächen und fing an zu krakeelen, damit sie nicht schlafen konnten. Ich weiß nicht mehr, was ich noch angestellt habe, aber am nächsten Tag war wieder alles im Lot. Ich hatte keinen Kater.

Im Kindererholungsheim Wiek auf Rügen, etwa 1953, von links: Sieglinde Bauer, Helga Diebitz und eine Kollegin, deren Namen ich leider vergessen habe

Von links: Sieglinde Bauer, die Kollegin, deren Namen ich
vergessen habe, und Helga Diebitz, nach der neusten Mode
gekleidet, ungefähr 1953

Uns wurde ein Heimerzieher-Fernstudium angeboten. Alle
Erzieher waren zu einem Vorstellungsgespräch eingeladen
worden. Sieglinde gab mir einen Tipp: „Wenn sie dich fragen, was du so gelesen hast, musst du sagen, unter andrem
was von Makarenko." Anton Semjonowitsch Makarenko
war ein berühmter sowjetischer Pädagoge, über den es auch
einen Film gab. Und die Sowjetunion galt in allen Belangen
als Vorbild für die DDR.

Im Sommer 1954 hatte ich Urlaub beantragt und wollte
nach Korswandt fahren. Da wurde ich ans Telefon gerufen.
Mein Vater, der mich sonst nie anrief, teilte mir ganz auf-
gelöst mit, dass meine Tante Lieselotte in Lübeck tödlich
verunglückt sei.

Die Familie war vor kurzem erst nach Israelsdorf in ihr
neues Haus gezogen. Meine Tante wollte in der Küche bü-

geln, aber als sie den Stecker der Bügeleisenschnur in die Steckdose steckte, bekam sie einen Stromschlag. Der Stecker war defekt.

Das passierte an einem Samstag um die Mittagszeit. Onkel Heinz hatte sich hingelegt und war eingeschlafen. Als die fünfjährige Karin an der Haustür klingelte, hat keiner aufgemacht. Sie wusste aber, wie man durch den Keller ins Haus kommt. Dann hat hat sie ihre Mama in der Küche gefunden …

Natürlich wollte mein Vater seinem Bruder in der schlimmen Notlage helfen und mir war klar, dass er mich anrief, weil ich mit meiner Erfahrung in Hausarbeit und Kinderbetreuung das tun sollte.

Da konnte ich nicht nein sagen: drei kleine Kinder hatten plötzlich keine Mama mehr.

Manfred habe ich in einem Brief nur mitgeteilt, dass ich nach drüben gehe und mich vorher gerne noch mal mit ihm treffen möchte. Aber er ist nicht gekommen.

Dann bin ich nach Lübeck gefahren. In der Bahn wurden die Ausweise kontrolliert.

Onkel Heinz hat mich vom Zug abgeholt. Als wir nach Hause kamen, war Oma Frieda schon da.

Das Haus der Familie Heinz Diebitz in Israelsdorf bei Lübeck

Zuerst holten wir die kleine Ingrid nach Hause. Das Mädel war knapp ein Jahr alt und bei einer Tante untergebracht. Ich seh sie heute noch, wie sie im Laufgitter steht und weint. Oma Frieda war auch dabei und sagte: „Wein du nur, mein Kind, du hast keine Mutter mehr." Ich hatte die Kleine gleich lieb und habe sie wie mein eigenes Kind bemuttert. Sie war mir mit der Zeit sehr ans Herz gewachsen.

Auch Karin kam wieder nach Hause. Als ihr Vater sie bei seiner Schwiegermutter abholte, sagte Oma Haukohl: „Du nimmst mir die halbe Lieselotte."

Von links: Helga und Oma Gertrud Haukohl

83

Oma Haukohl kannte eine Schneiderin, die für ihre Enkelin viele Kleider genäht hatte. Karin war stolz auf ihre Garderobe und sie war ein liebes Mädchen.

Ich bin mal mit ihr zur nächsten Straßenecke einkaufen gegangen, da hat sie sich bei mir eingehängt und aus Gewohnheit zu mir Mutti gesagt. Das hat mich sehr bewegt, denn ich spürte, dass sie mich als Mutter annahm.

Rainer war sechs Jahre alt und ein richtiger Junge. Er ging schon zur Schule. Sicherlich vermisste er seine Mutter sehr. Er hat mir davon erzählt, wie sie mit ihm Roller gefahren ist.

Ich war jetzt dreiundzwanzig Jahre alt und hatte mit einem Schlag drei Kinder zu versorgen und ein Haus in Schuss zu halten.

Onkel Heinz arbeitete bei einer Firma als Bauleiter und absolvierte nebenher ein Baumeister-Studium. Meine Kochkunst hat er gleich getestet: Ich sollte ihm ein Schweinesteak zubereiten, das war gerade sein Lieblingsgericht.

Die Wäsche wurde in einer Wäscherei gewaschen und kam von dort nass zurück. Mein Onkel zog alle zwei Tage ein sauberes Oberhemd an, da habe ich jede Menge Hemden gebügelt, allerdings nicht in der Küche, sondern in meinem Zimmer.

Fürs Einkaufen bekam ich Geld. Die Ausgaben habe ich in ein Heft eingetragen, die einzelnen Posten aber nicht addiert. Das hat Onkel Heinz beanstandet. Und dass ich im Herbst für ein Kind Mütze und Handschuhe gekauft hatte, fand er zu eigenmächtig.

Morgens musste ich den Hausherrn auch wecken, aber manchmal habe ich verschlafen. Früh trank Onkel Heinz schwarzen Tee. Den Teesatz habe ich immer in den Ausguss gekippt, der hat sich dafür mit einer Rohrverstopfung gerächt.

Um Geld musste ich meinen Onkel bitten. Das tat ich nicht gerne und meistens morgens. Er hat dann schon selbst gemerkt, was ich wollte, wenn ich um ihn herumscharwenzelte. Zu der Zeit hatte er nur sein Gehalt, damit musste er alle Ausgaben bestreiten.

Da ich aus der DDR kam, brauchte ich eine Aufenthaltsgenehmigung. Wäre ich wie viele andere in die BRD eingereist, hätten sie mich erst mal in ein Aufnahmelager gesteckt. Ich konnte aber eine Arbeitsstelle nachweisen. Also setzte ich mich in die Straßenbahn, fuhr in die Stadt und holte mir das Papier.

Nebenan wohnte Frau Hüsing, eine angenehme Nachbarin, die manch guten Rat für mich parat hatte. Auch einen Termin beim Frisör hat sie mir besorgt. Dort habe ich aber elend lange rumsitzen müssen, sodass Onkel Heinz schon ungeduldig auf mich wartete, als ich nach Hause kam.

An einem Sonnabend habe ich mal im Wohnzimmer die Fenster geputzt. Die großen Scheiben waren ziemlich breit und die Rahmen ziemlich schmal. An einem Fenster ist beim Öffnen die Scheibe gesprungen. Ich habe meinen Onkel sofort angerufen und der tobte am Telefon wie ein Berserker. Wieder ein Unglück an einem Samstag.

Onkel Heinz hat dann eingesehen, dass ich alleine die gesamte Arbeit im Haus nicht schaffen konnte. Danach kam eine Frau, die ein paar Stunden in der Woche sauber machte. Fenster hat sie aber nicht geputzt.

Die Adventszeit war angebrochen. Eines Tages klingelte es. Vor der Tür stand eine Fotografin. Sie bot mir an, Fotos von uns zu machen. Ich wollte ablehnen, aber sie konnte gut reden und hat mich schließlich umgestimmt. Rainer war gleich begeistert. Er ist ins Bad gegangen und hat sich die Haare gekämmt. Sein Vater war weniger begeistert, weil er die Bilder bezahlen musste. Da die Fotos aber sehr schön geworden waren, hat er kaum geschimpft.

Er hat auch sonst nicht viel geschimpft. Wenn ihm was nicht gefiel, sagte er das und dann war's auch gut.

Von links: Ingrid, Helga, Karin und Rainer im Advent 1954

Mein Onkel kam jetzt oft spät nach Hause. Vermutlich wandelte er auf Freiers Füßen. Einmal hat er eine Frau mit in die Wohnung gebracht.

Ich hatte für Weihnachten in einem Lübecker Geschäft eine Ente bestellt, aber Onkel Heinz nichts davon gesagt. Er brachte auch eine mit, doch die war noch nicht ausgenommen. Wie man Geflügel ausnimmt, wusste ich aber nicht. Da bin ich zu Frau Hüsing rübergegangen und die hat mir erklärt, wie's gemacht wird. Das Ausnehmen ist mir gut gelungen, es war jedoch kein Vergnügen für mich.

Schließlich war Heiligabend, die Geschenke wurden verteilt. Aber mein Onkel tigerte durch das lange Wohnzimmer und kämpfte mit den Tränen. Der Schmerz über den Verlust seiner geliebten Lieselotte wollte ihn schier überwältigen. Da war es mit meiner Freude auch vorbei.

An den Feiertagen haben wir uns viel mit den Kindern beschäftigt. Würfelspiele mochten sie am liebsten, denn wer gewonnen hatte, durfte vom Weihnachtsbaum eine Süßigkeit naschen.

Ruth hatte ihren Besuch angekündigt und es war ausgemacht, dass ich sie in Lübeck vom Bahnhof abhole. Doch da war von meiner Ruth nichts zu sehen.

Aber als ich nach Hause kam, aßen die Kinder Schokolade. Während ich mich noch darüber wunderte, kam meine Schwester aus ihrem Versteck hervor und erzählte mir, dass sie, in einem Apfel versteckt, ein Fünf-D-Mark-Stück rübergeschmuggelt hatte – daher die Schokolade.

Oma Haukohl meinte, es müsste mir doch gefallen, wenn meine Schwester immer in meiner Nähe wäre. Ruht hatte auch nichts dagegen, in Lübeck zu bleiben, also blieb sie da.

Bei der Arbeitssuche war Oma Haukohl behilflich. Es dauerte nicht lange und Ruht arbeitete in ihrem Beruf als Kinderkrankenschwester im Lübecker Südkrankenhaus.

Wir haben uns nun oft in Lübeck getroffen. Manchmal war ich auch bei ihr im Schwesternheim. Sie hatte dort zusammen mit einer Kollegin ein Zimmer.

Onkel Heinz fuhr einen VW-Käfer. Wenn er mit dem Auto nach Hause kam, hörte ich schon am Motorgeräusch, dass er es war.

Einmal waren wir mit dem Käfer in Hamburg. Onkel Heinz hat mir und den Kindern die Sehenswürdigkeiten gezeigt, auch die berühmte Reeperbahn. Aber ich konnte in der Straße nichts entdecken, was mir gefallen hätte, ich habe dort nur bunt angemalte Bretterbuden gesehen.

Mein Onkel hat immer nach seinen Kindern gesehen, wenn er spät in der Nacht nach Hause kam. Es passierte jetzt des Öfteren, dass die kleine Ingrid im Schlaf ihr Essen erbrochen hatte.

Als sie mal auf der Toilette saß, rief sie mich. Aus ihrem Po hing ein weißer Faden heraus, der aussah wie ein Gummiband. Sie fragte mich, was das sei. Ich hatte so was noch nie gesehen, vermutete aber, dass es ein Bandwurm war und riet ihr, ihn herauszuziehen. Ich habe mich sehr geekelt.

Wir sind dann zum Arzt gegangen und nach einer Weile war wieder alles in Ordnung.

Von links: Rainer, Helga mit Ingrid auf dem Arm und Karin im April 1955

An einem Vormittag hatte ich Gulasch angeschmort und den Topf mit Wasser aufgefüllt. Dann fiel mir ein, dass ich in dem kleinen Laden um die Ecke noch was einholen wollte. Als ich wieder zurückkam, habe ich es gleich gerochen: das Fleisch war angebrannt. Aber ich wusste mir zu helfen. „Dann gibt es heute eben Kartoffelsuppe mit Wiener Würstchen", dachte ich mir.

Als mein Onkel am Abend nach Hause kam, war das Erste, was er sagte: „Hier ist was angebrannt!"

Einmal in der Woche kam ein Fischwagen nach Israelsdorf. Ich hatte Heringe gekauft und Onkel Heinz fragte mich, ob es auch andere Fische gäbe. Die gab es, aber sie waren noch lebendig. Also habe ich Aale geholt.

Bei Oma Frieda hatte ich gesehen, wie die Haut bei den Aalen abgezogen wird, doch diese Viecher wehrten sich.

Ich war ganz verzweifelt. Die Aale wickelten sich um meinen Arm, ich wusste mir nicht anders zu helfen, als ihnen mit einem Hammer auf den Kopf zu schlagen.

Bei Onkel Heinz im Vorgarten stand eine Tischtennisplatte. Manchmal war ich dort beim Spielen auch dabei und mein Onkel hat große Augen gemacht. In Korswandt gab es eine Platte, ganz in der Nähe unserer Wohnung. Da habe ich Pingpong spielen gelernt.

Helga an der Tischtennisplatte in Israelsdorf

Rainer ging schon eine Zeit lang zur Schule, da wurde eine Klassenfahrt nach Hamburg angekündigt. Ich begleitete ihn als Ersatzmama. Wir besichtigten die vielen fremden Tiere im Tierpark Hagenbeck. Mir hat die Schülerreise sehr gut gefallen.

An einem Samstag bereitete ich die Rouladen für das Sonntagsessen vor. Die Kinder schliefen schon und Onkel Heinz war noch nicht zu Hause. Da überkam es mich. Plötzlich hatte ich das unwiderstehliche Verlangen, Ruth zu besuchen. Das war wie eine Torschlusspanik. Ich ließ alles stehen und liegen und rannte zur Straßenbahn, obwohl ich die Kinder eigentlich nicht allein lassen durfte.

An diesem Abend hat mein Onkel Freunde mit nach Hause gebracht und wollte am nächsten Tag zum Glück nur wissen, wo ich die Kaffeedose versteckt hätte.

Mein Vater hatte mir einen Brief geschrieben. Er spielte mit dem Gedanken, auch rüberzumachen. Ich sollte seinen Bruder fragen, ob er ihn unterstützen würde. Aber mein Onkel war von Papas Absicht nicht sehr erbaut, er hatte wohl andere Sorgen.

Onkel Heinz dachte daran, von Israelsdorf wegzuziehen und hat mich mal gefragt, was ich dazu meine. Doch mir gefiel es hier, ich fand den kleinen Vorort schön.

Sie studierte Mathematik und war zwei Jahre älter als ich: Inge, jene Frau, die mein verwitweter Onkel kennengelernt hatte und jetzt heiraten wollte.

Die kleine Hochzeitsgesellschaft feierte das Ereignis in einer Gaststätte. Wir saßen alle an einer langen Tafel. Neben den Tellern lagen etliche Bestecke. Ich kannte mich da nicht so recht aus und habe immer das Besteck genommen, was meine Tischnachbarin nahm.

Für die Betreuung der Kinder wurde ich mit einer Ansprache geehrt. Alle Gäste sind aufgestanden und haben ihr Glas erhoben. Dass die alten Leute standen, war mir peinlich, darum stand ich auch auf. Aber sofort ertönten Rufe, ich solle sitzen bleiben. Am Ende der Lobrede haben alle auf mein Wohl angestoßen.

Beim Abendbrot. Von links: Inge, Rainer, Helga, Ingrid und Karin

Nach der Hochzeit verbrachten wir ein paar Tage in Travemünde. Onkel Heinz hatte zwei Zimmer mit Veranda gemietet. In einem schlief ich mit den Kindern, im anderen das frisch vermählte Ehepaar. Auch ein Strandkorb gehörte zu unserem Badeurlaub.

Wenn man ins Wasser wollte, musste man über viele kleine Steine gehen. Beim Baden waren wir Frauen mit den Kindern meistens allein, weil mein Onkel arbeiten musste. Er konnte nur abends und am Wochenende mit uns zusammen sein; dann flanierten wir oft, wie viele andere Badegäste, auf der Promenade. Für mich war es eine schöne Zeit am Ostseestrand in Travemünde.

Nach dem Badeurlaub bekam ich auch noch Heimaturlaub. Für einige Tage durfte ich nach Korswandt fahren und meine Familie wiedersehen. Im Geiste sah ich mich schon am Wolgastsee im Gras liegen.

Die Badestelle am Wolgastsee in Korswandt, damals noch mit einer Brücke, etwa 1956

Mit meinen Schwestern bin ich ins Idyll tanzen gegangen. Manfred war auch da, doch er hat mich nicht beachtet. Ich hatte gehofft, ihn zu treffen, aber dieses Wiedersehen war für mich eine herbe Enttäuschung. (Erst später habe ich erfahren, dass er inzwischen geheiratet hatte.)

Die kleine Elektro-Firma meines Vaters nannte sich jetzt „Licht-Kraft-Signalanlagen". Meine Eltern hatten nun einen der wenigen Telefonanschlüsse im Dorf. Sonst waren die Leute im Ort nur über das Telefon der Poststelle zu erreichen.

Wie lange ich in Korswandt bleiben konnte, war nicht abgesprochen. Onkel Heinz rief Papa an und sagte ihm, ich möge doch meinen Urlaub in Korswandt beenden und zurückkommen, ich hätte doch schon einen Urlaub in Travemünde gehabt.

Gerne bin ich nicht wieder nach Israelsdorf gefahren. Die Kinder habe ich weiterhin betreut und auch im Haushalt geholfen, aber ich spürte, dass ich in diese Familie nicht mehr hineingehöre. Darum habe ich oft meine Schwester besucht.

Einmal kam ich spät abends von Ruht nach Hause. Es war schon dunkel. Man konnte in Israelsdorf an zwei Haltestellen aus der Straßenbahn aussteigen, ich bin immer an der ersten ausgestiegen, auch diesmal. Von hier führte der Weg durch ein kleines Waldstück. Als ich eine Lichtung erreichte, blieb ich vor Schreck stehen. Auf dem Weg stand ein Mann. Vermutlich war er mit dem Fahrrad unterwegs und hat gesehen, wie ich in den Wald hineingegangen bin. Ich dachte: „Bloß keine Angst zeigen!", nahm all meinen Mut zusammen und bin auf den Kerl zugegangen. Beim vorbeigehen habe ich ihn gestreift, dabei ist mir die Tasche runtergefallen. Als ich sie aufhob. sagte der Mann was Gemeines. Vielleicht dachte er, ich wäre ein Straßenmädchen. „Ich schreie!", rief ich laut und bin losgerannt. Er hat mich nicht verfolgt. An dieser Haltestelle bin ich nicht wieder ausgestiegen.

Manchmal habe ich Ruth auch auf der Krankenstation besucht; sie hat dort als Krankenschwester im Schichtregime gearbeitet. Wenn ich ankam riefen die anderen Schwestern: „Ruth, Ihre kleine Schwester ist da!" Das hat ihr aber überhaupt nicht gefallen, war sie doch fast zwei Jahre jünger als ich.

Mit Ruth und ihren Kolleginnen war ich auch mal in Hamburg. Am besten hat mir die Hafenrundfahrt gefallen. Hafen, das war meine Welt. Eine der Schwestern kannte sich in der Hansestadt gut aus. Beim Stadtbummel kamen wir an einem Hochhaus mit Dachcafé vorbei und beschlossen, auf dem Rückweg dort einen Kaffee zu trinken. Aber dazu kam es nicht. Das Café war geschlossen. Eine Frau hatte sich von oben in den Tod gestürzt.

An einem Abend war ich bei Ruth im Schwesternheim auf einer Fete. In ihrem Zimmer hatten sich ein paar Kolleginnen und einige junge Männer eingefunden. Bei flotter Musik kamen wir schnell in Stimmung und haben wie wild Rock 'n' Roll getanzt.

Am Nächsten Tag musste Ruth bei der Oberschwester antanzen, ältere Kolleginnen hatten sich über den Krach beschwert. Da hat meine Schwester sich allerhand anhören müssen.

Auf einem Restaurant-Schiff, das im Lübecker Hafen lag, habe ich mit Ruth und Rainer, den ich bei der Fete im Schwesternheim kennengelernt hatte, einen romantischen Tanzabend verbracht, der mir sehr gefallen hat. Rainer ist später noch mal mit mir tanzen gegangen.

Im Januar 1957 stellte sich bei Familie Diebitz Nachwuchs ein, Stefan erblickte das Licht der Welt.

Etwa zu der Zeit erreichte uns auch die traurige Nachricht vom Tod Opa Ottos. Onkel Heinz ist mit seiner Frau und den drei großen Kindern zur Beerdigung nach Korswandt gefahren. Ich hätte auch gerne an der Trauerfeier teilgenommen, musste aber in Israelsdorf bleiben und den kleinen Stefan betreuen. Zum Dank dafür bekam ich ein Bernsteinherz geschenkt.

Ich fühlte mich nicht mehr so richtig wohl in der Familie meines Onkels, darum habe ich mich beim Lübecker Arbeitsamt nach einer neuen Stelle erkundigt. Ohne erlernten Beruf war die Arbeitssuche für mich schwierig.

Das Amt hat mir eine Stelle als Haushälterin bei einem geschiedenen Baumeister mit zwei Töchtern angeboten. Ich habe dort vorgesprochen. Mein Monatslohn sollte hundert D-Mark betragen.

Nun sprach jedoch mein Onkel mit mir, er wollte mich gerne als Haushaltshilfe behalten. Ich habe ihn um mehr Lohn gebeten. Er bot mir neunzig D-Mark im Monat. Darauf habe ich bei dem Baumeister abgesagt. Seine Mutter hat noch per Telefon versucht, mich umzustimmen, aber ich bin bei meiner Absage geblieben.

Unverhofft rief mein Vater an. Vielleicht hatte er mit Ruth gesprochen, die über meine Situation genau Bescheid wusste. Er fühlte sich für mich verantwortlich, vor allem auch, weil er mich zu Onkel Heinz geschickt hatte. Jetzt empfahl er mir, nach Korswandt zurückzukommen.

Ich habe lange hin und her überlegt und dies und das erwogen – auch Manfred spukte mir immer noch im Kopf herum –, dann entschloss ich mich, nach Korswandt zurückzukehren.

Die Kinder fanden das nicht gut, klar, sie hatten sich an mich gewöhnt. Rainer, der nun schon länger zur Schule ging und von der DDR keine gute Meinung hatte, sagte, dahin würde er nicht zurückkehren. „Aber wenn du dort deine Eltern hättest", entgegnete ich, „würdest du das vielleicht doch tun."

Dann war es so weit, mein großer Koffer stand bereit. Onkel Heinz hat mich zum Bahnhof gefahren. Er fühlte sich wohl auch nicht gut und hat mir noch etwas Geld in die Hand gedrückt, das, was er gerade in der Tasche hatte; dafür habe ich Schokolade gekauft.

Ein Schreiben über den Grund meines Aufenthalts in Lübeck hatte er mir auch mitgegeben.

An der Grenze musste ich aussteigen. Von drüben kam nur selten mal jemand in die DDR zurück. Vielleicht war ich eine Spionin … Dann wurde ich verhört. Wahrscheinlich haben sie sich in Wolgast über mich erkundigt. Nach einer Weile durfte ich weiterreisen.

Am späten Abend traf ich auf dem Ahlbecker Bahnhof ein. Hier erwartete mich mein Lieblingsbruder Hansi, der sich über unser Wiedersehen sehr freute.

Ankunft und Abschied. Ankunft bei meinen Lieben in der Heimat, Abschied von Kindheit und Jugendzeit. Jetzt begann ein neuer Abschnitt meines Lebens.

Danksagung

Für die Erstdurchsicht und die Abschrift des Manuskriptes danke ich meiner Cousine *Karin Adomeit*, geb. *Diebitz*, für die Schlussredaktion sowie für die Anfertigung der BoD-Vorlage meinem Jugendfreund *Manfred Blunk*.

Helga Weiser
Bergstr. 5
17419 Korswandt

038378/31874

Manfred Blunk
manfred.blunk@telecolumbus.net